성공하는 포트폴리오는 따로 있다 개정판

전진욱,
정소현,
정승환 지음

UX/UI 디자인, 일러스트레이션, BX 디자인 포트폴리오 만들기

한빛미디어
Hanbit Media, Inc.

지은이 전진욱

학부와 대학원에서 서양화를 전공하고 몇 차례 개인전을 했습니다. 현장에서 UI 디자인, 코딩, 웹기획 등 다양한 경험을 했습니다. 현재 UI 디자인, 프론트엔드 개발 강의를 하고 있습니다.

이메일 moolsaess@naver.com   홈페이지 jeonjinuk.com

지은이 정소현

홍익대학교 대학원에서 시각디자인을 전공했으며, 일러스트레이터 겸 그림책 작가로 활동하고 있습니다. 여러 대학에서 강의를 했고 현재도 활발하게 강의하고 있습니다. 국내외 공모전에서 대상 2회와 금상, 은상, 특별상 등 다양한 수상 경력이 있습니다. 인천국제공항 미디어일러스트와 배스킨라빈스, 현대백화점 등의 다양한 프로젝트를 진행했으며 저서로는 그림책 《레오의 특별한 꿈》 외 여러 권이 있습니다.

이메일 hyunso1009@naver.com   블로그 blog.naver.com/hyunso1009

지은이 정승환

학부에서 산업디자인과 건축을 전공했으며, 브랜드패키지디자인 전공으로 석사 공부를 했습니다. 글로벌 기업 및 국내 대기업, 스타트업 등 다양한 기업 내 디자인 조직에서 리드 디자이너이자 크리에이티브 디렉터 역할을 수행했습니다. 국내외 어워드에서 100여 회의 수상 및 50여 회의 전시 경력이 있으며, 현재는 다양한 경험을 바탕으로 스타트업을 운영하고 있습니다.

이메일 bx_design@naver.com

성공하는 포트폴리오는 따로 있다(개정판)

초판 1쇄 발행 2023년 5월 15일

지은이 전진욱, 정소현, 정승환 / **펴낸이** 김태헌
펴낸곳 한빛미디어(주) / **주소** 서울시 서대문구 연희로2길 62 한빛미디어(주) IT출판1부
전화 02-325-5544 / **팩스** 02-336-7124
등록 1999년 6월 24일 제25100-2017-000058호 / **ISBN** 979-11-6921-105-5 13000

총괄 배윤미 / **책임편집** 장용희 / **기획·편집** 유희현 / **교정교열** 김승주
디자인 최연희 / **전산편집** nu:n
영업 김형진, 장경환, 조유미 / **마케팅** 박상용, 한종진, 이행은, 김선아, 고광일, 성화정, 김한솔 / **제작** 박성우, 김정우

이 책에 대한 의견이나 오탈자 및 잘못된 내용에 대한 수정 정보는 한빛미디어(주)의 홈페이지나 아래 이메일로 알려주십시오.
잘못된 책은 구입하신 서점에서 교환해 드립니다. 책값은 뒤표지에 표시되어 있습니다.
한빛미디어 홈페이지 www.hanbit.co.kr / 이메일 ask@hanbit.co.kr

지금 하지 않으면 할 수 없는 일이 있습니다.
책으로 펴내고 싶은 아이디어나 원고를 이메일(writer@hanbit.co.kr)로 보내주세요.
한빛미디어(주)는 여러분의 소중한 경험과 지식을 기다리고 있습니다.

건강하다면 우리는 언제나 다시 일어설 수 있습니다

많은 후배들이 자신의 직업을 포기해야 할지 고민합니다. 자존감 붕괴, 인간관계, 직업 전망, 경제적 문제 등 이유는 참 다양하지요. 저는 후배들의 진솔한 이야기를 듣고 난 후 그들에게 진지하게 몇 가지 질문을 합니다. 그렇게 서로 이런저런 얘기를 나누다 보면 결국에는 질문자 스스로 답을 찾게 됩니다. 그 이유는 이미 질문자 스스로가 답을 알고 있고 제가 그것을 드러내는 역할을 해주었기 때문이지요.

하지만 단 한 가지, 답이 없는 경우가 있습니다. 건강을 잃었을 때입니다. 그럴 때는 제가 할 수 있는 일이 아무것도 없습니다. 이것은 의사를 찾아가야 할 문제지 제가 선배로서 해결할 수 있는 문제가 아닙니다. 실제로 주변의 많은 후배들이 건강상의 문제로 자신의 직업을 포기했습니다. 그만큼 건강보다 중요한 것은 없습니다. 한 가지 고백하자면 제가 디자인 현장 경력 10년을 교육으로 전환한 것도 건강을 잃었기 때문입니다. 자신의 욕심으로 인해 직업을 그만두게 되는 것은 너무나도 가슴 아픈 일입니다. 부디 후배님들이 저와 같은 실수를 하지 않았으면 좋겠습니다.

나의 몸과 마음은 현재의 내 것이 아닙니다. 지금의 나는 40대, 50대, 60대, 그 이후의 나와 함께 몸과 마음을 나누어 쓰고 있는 것이지요. 그러니 젊은 시절의 성공을 위해 미래의 나의 건강을 빌려 쓰지 마세요. 그것은 모두 부채입니다. 미래의 나에게 많은 부채를 지게 되면 시간이 흘러 엄청난 이자를 물어야 할 것입니다. 미래의 나를 존중하고 아껴주세요.

실력이 성장하는 속도가 조금 느려도 괜찮습니다. 남들보다 연봉이 적어도 괜찮습니다. 제 경험에 의하면 자신이 좋아하는 일을 스스로가 원할 때까지 할 수 있는 사람이 진정한 '위너'입니다.

누가 뭐라고 하든 자신이 내리는 모든 결정이 최선의 선택임을 믿으세요. 무엇을 해도 괜찮습니다. 어떤 결정을 내려도 괜찮습니다. 남의 잔소리는 신경 쓰지 마세요. 실패해도 다시 일어서면 됩니다. 모든 것을 스스로 생각하고 판단하고 행동하고 그 결과에 책임질 수 있다면 그것으로 충분합니다. 다만 건강은 꾸준히 관리하세요. 건강하다면 무엇이든 할 수 있고, 그렇지 않다면 아무것도 할 수 없습니다.

제가 여러분에게 하고 싶은 이야기는 단 한마디입니다.

"건강하다면 우리는 언제나 다시 일어설 수 있습니다."

전진욱

머리말

일러스트레이터가 되기 위해

이 책을 쓰기 전에 '나는 어떻게 일러스트레이터가 되었는가'를 먼저 생각해보았습니다. 단지 디자인 전공을 살리기 위해 이 직업을 택한 것은 아니었습니다. 어릴 적 꿈으로부터 비롯된 자연스러운 결과였지요. 저는 어렸을 때부터 화가가 꿈이었습니다. 단 한 번도 그 꿈은 바뀐 적이 없었어요. 하지만 꿈을 이루기 위한 과정은 그야말로 고난과 역경의 연속이었습니다. 미술 공부를 반대하는 부모님과, 집이 지방이라는 점과 경제적으로 넉넉하지 않은 현실 등 많은 어려움이 있었습니다. 서울에 올라와서도 두세 시간씩 잠을 자며 주경야독해야 했지요. 그 과정이 쉽지만은 않았지만, 노력 끝에 결국 저는 저의 꿈을 이룰 수 있었습니다.

누구나 도전해서 해내지 못할 일은 없습니다. 그런데도 우리가 꿈을 이루지 못하는 이유는 '꿈이 이루어지지 않아서'가 아니라 이루어지기 전에 먼저 '포기'하기 때문입니다. 꿈을 이루기 전까지는 그것이 마치 현실과 동떨어져 있는 꿈나라의 이야기 같지요. 하지만 꿈을 이루고 나면 그 꿈은 곧 생생한 현실이 됩니다.

당장 눈앞의 현실만 보고 꿈을 포기하는 것은 굉장히 어리석은 일입니다. 자신이 하고 싶은 일과 목표가 있다면 한 길을 꾸준히 걸어가길 바랍니다. 그러다 보면 언젠가 목표와 비슷하게 혹은 더 크게 꿈을 이루게 될 테니까요.

포트폴리오는 예술가의 정체성

포트폴리오는 자신의 정체성과 세계관을 보여줄 수 있는 작품집이며 실력과 능력을 드러낼 수 있는 결과물이기도 합니다. 또한 자신이 얼마나 가능성이 있는 사람인지를 대변하기도 합니다. 그러므로 포트폴리오를 준비하기에 앞서 어떤 포트폴리오를 만들 것인지, 가령 작가로서 포트폴리오를 만들 것인지 디자이너로서 포트폴리오를 만들 것인지 등과 같은 방향성을 정하는 일이 중요합니다.

무엇보다 '나는 누구인가'라는 질문에 대한 답을 찾아서 자신의 정체성을 스스로 확립해야 합니다. 내가 누구인지를 알기 위해서는 내가 좋아하는 것은 무엇이며 싫어하는 것은 무엇인지, 또는 자기 성격의 장단점이나 나는 무엇을 할 때 가장 행복한지 등을 고민해보면 예술적 정체성이 확실한 포트폴리오를 만드는 데 도움이 됩니다.

창조적인 포트폴리오(아이디어 넘치는 포트폴리오)

《성공하는 포트폴리오는 따로 있다》는 포트폴리오 제작 방법 및 작품의 유용한 아이디어를 제공하고 활동 방향성까지 소개하는 '포트폴리오 가이드북'입니다. 디자인과 미술을 전공하는 학생뿐만 아니라 디자이너, 일러스트레이터로서 취업을 희망하거나 작가 지망생인 분들에게 실질적인 도움을 줍니다. 세 파트로 나누어진 이 책에서는 포트폴리오를 준비하는 방법부터 자신이 가고자 하는 타깃을 정하고 기획하는 팁을 소개합니다. 또한 자신의 정체성이 잘 드러나도록 하는 표현기법과 재료를 선택하는 노하우까지 알차게 담았습니다.

출판편집 일러스트, 광고 일러스트, 그림책 만들기 등의 주제로 포트폴리오 제작하기 파트에서는 현직 디자이너와 일러스트레이터, 그림책 작가들의 작품 사진을 통해 다양한 표현법을 보여주며 유용한 아이디어를 제공합니다. 포트폴리오를 제작하는 데 필요한 다채로운 지식과 정보의 핵심들을 담아낸 이 책을 통해 여러분은 자신만의 멋진 성공적인 포트폴리오를 만들 수 있을 것입니다.

창조적인 예술가

가장 행복한 사람은 꿈이 있는 사람입니다. 저는 세계적인 그림책 작가가 되기 위해 새로운 꿈을 꾸고 있습니다. 그 시작점은 바로 '이탈리아 볼로냐 아동도서전' 참관입니다. 저는 2013년에 《레오의 특별한 꿈》이라는 창작 그림책을 출간하여 해당 도서전에 참관했던 일을 계기로 현재까지 8년간 참관했습니다. 저의 새로운 꿈은 끊임없이 자신의 한계를 시험하고 그 한계를 넘어서기 위한 도전이기도 합니다. 저만의 멋진 이야기를 그림책에 담아내는 세계적인 그림책 작가가 되고 싶습니다.

이 책을 읽는 여러분들도 창조적인 예술가가 되었으면 좋겠습니다. 그러기 위해서는 구체적이고 실천적인 방법으로 공부하며 큰 노력을 기울여야 합니다. 다양한 자료를 찾아보고, 좋은 작품을 접해보고, 또 많이 그려보는 것이 중요합니다. 드로잉과 일기 쓰기, 작업 노트 쓰기 등의 작업을 꾸준히 해야 하며 각종 전문 서적과 도서도 열심히 읽어야 합니다. 이 책을 통해 자신만의 꿈을 이루는 멋진 디자이너, 일러스트레이터가 되길 바랍니다.

정소현

머리말

우리는 모두 나의 삶을 디자인하는 디자이너입니다

디자이너가 되기로 한다는 것

'디자인'이라는 분야를 택하는 시점은 단순히 내가 하고 싶은 것을 생각하는 데서 나아가, 나의 진로를 열띠게 고민하고 난 후일 것입니다. 저는 글을 시작하기에 앞서 이 책을 펼쳐본 여러분 들이 자신이 하고 싶은 일을 열심히 고민하고 용기 있게 선택했다는 점에 대하여 칭찬과 응원, 격려의 메시지를 아낌없이 보냅니다. 앞으로 디자인해 나갈 당신의 미래에 하고 싶은 일이 있다 는 것, 꿈이 있다는 것이 대단히 중요하고 가치 있는 일이라는 점을 기억하길 바랍니다.

여러분들이 '왜' 디자인을 선택했는지 스스로 다시 한번 묻기를 권합니다. 저는 건축공학 전공 으로 대학을 졸업하고 난 후 디자이너가 되고 싶다는 꿈을 가져 다른 이들보다 늦은 시점에 디 자인을 전공하였으며, 공부를 마친 뒤 디자이너로서 사회생활을 시작하였습니다. 스스로 진로 를 선택하고 이를 이루기 위해 노력하며 얻은 가치들은 현재까지도 좋은 디자이너가 되기 위한, 내 삶을 잘 디자인하기 위한 바탕이 되어주고 있습니다. 그 선택이 늦었든 빨랐든 스스로 자신 의 길을 선택하고 걸어 나가는 사람은 격려받아야 합니다. 저 역시 디자인을 선택하여 나의 삶 을 디자인하는 디자이너로서 매 순간을 살아가고 있으니, 여러분들도 내가 왜 디자인을 선택했 는지를 되새기며 여러분의 삶을 디자인해 나가길 바랍니다.

예비 디자이너로서 삶의 새로운 전환점을 맞고 있을 시점에 '왜 디자인을 선택했는가?', '왜 디 자이너가 되기로 했는가?'를 생각하며 동기 부여를 얻는 것은 특히 중요합니다. 이런 동기 부여 가 나를 계속해서 노력하게 하여 가치 있는 결과물을 얻을 수 있게 하기 때문입니다. 여러분이 지금 앞으로 나아가는 걸음 앞에 두려움이나 어려움을 느끼고 있다면 왜 디자인을 선택했는지 자신에게 꼭 물어 마음을 다잡고, 새로운 마음가짐으로 나아가길 바랍니다.

디자이너가 된다는 것

현재 디자인 분야는 산업의 발전과 기술의 진화에 따라 세분되어 있지만, 동시에 디자인은 하 나의 결과물로 소비되며 그 경계가 허물어져, 다양한 장르가 혼합돼 있기도 합니다. 이는 하나 의 전공이 중심이 될 수는 있지만, 그 전공에만 맞춰 디자인하는 상황은 아니라는 뜻입니다. 그 런데도 이 글을 읽고 있는 분 중에는 디자인에서 하나의 전공이나 분야를 선택해야 하는 상황에 놓여 있을지 모릅니다. 선택해야 하는 또 다른 문제들이 많을지도 모릅니다. 많은 선택지에 고민이 깊어질 수 있으나, 고민을 마치고 난 뒤에는 원하는 목표와 미래가 생기게 됩니다. 내가 하고 싶은 것을 정하고 나면, 내가 가고 싶은 곳을 찾게 되고, 내가 되고 싶은 것을 얻기 위한 밑그림을 그리게 됩니다. 디자이너에게 포트폴리오란, 바로 이 밑그림을 그리는 시작점이자 그림을 완성하기 위해 계속해서 채워나가야 하는 채색과도 같습니다.

제가 디자이너로 일을 시작할 때 어떤 디자인을 하고 싶은지 완벽하게 계획한 채로 밑그림을 그리지는 않았습니다. 디자이너 일을 시작하는 많은 분이 그럴 것입니다. 또한 밑그림을 그려 사회로 나가도 어떻게 채색해 나갈지를 계속해서 고민하게 될 것입니다. 난감하고 어렵게 느껴지는 과정일 수 있지만, 이러한 고민의 과정을 거치며 하는 많은 경험이 내가 원하는 디자이너가 되는 길이라고 말하고 싶습니다.

디자이너가 되고자 하는 여러분들은 특정 디자인 분야에만 관심을 두지 말고, 여러 가지 디자인 분야, 나아가 사회, 문화, 경제, 정치 등 다방면에 관심을 두길 바랍니다. 또한 스스로 디자인에 임하는 자기만의 가치관을 만들어 나가길 바랍니다. 그 가치관이 자신의 디자인에 스며들었을 때, 자기 삶에 동화되었을 때, 훌륭한 디자이너가 될 수 있을 것입니다. 자신이 스스로 하고 싶은 일을 찾아 삶을 디자인하고 있는 여러분들은 충분히 용기 있고 멋집니다. 그 멋진 모습으로 힘차게 디자이너로서의 길을 시작하기를 응원하겠습니다.

정승환

목차

머리말   003

나를 알리는 포트폴리오

CHAPTER 01 ─────────
포트폴리오란 무엇인가?   015

01 작품과 포트폴리오의 차이   016
　　노동과 작품의 사이 | 호의적인 관객과 비호의적인 관객
02 자신을 위한 포트폴리오   018
03 자신을 보여주기 위한 포트폴리오   020

CHAPTER 02 ─────────
좋은 포트폴리오란?   022

01 기본기가 탄탄한 포트폴리오   023
02 자신만의 개성이 담긴 포트폴리오   027
　　콘셉트가 명확한 포트폴리오 | 자신만의 색깔이 돋보이는 포트폴리오
03 보기 편안한 포트폴리오   029
04 맞춤형 포트폴리오   031

UX/UI 디자이너 포트폴리오 전략

00 PREVIEW 035

CHAPTER 01
타깃 정하기 039

01 회사의 분류 040
02 회사 선택의 기준 042
웹 에이전시를 목표로 할 때 고려해야 할 사항 |
스타트업을 목표로 할 때 고려해야 할 사항

CHAPTER 02
제작 전략 세우기 044

01 포트폴리오 설계 전략 045
포트폴리오의 정의 | 인사 담당자가 편하게 볼 수 있는 포트폴리오 파일

02 가상 리뉴얼에 적합한 사이트 선정 기준 048
누구나 알 만한 회사일 것 | 콘텐츠가 차고 넘칠 것 |
양질의 비주얼 콘텐츠가 많을 것

03 포트폴리오 작품 개수의 기준 050
욕심과 능력의 차이 | 마음을 움직이는 작품 하나 | 포트폴리오와 연봉의 관계

04 포트폴리오 배치의 기준 052

CHAPTER 03
스타일 전략 세우기 053

01 브랜딩 디자인 레퍼런스 054
02 이커머스(E-Commerce) 디자인 레퍼런스 066

목차

03 모바일 디자인 레퍼런스   073

04 앱(App) 디자인 레퍼런스   077

05 멤버십 UI 디자인 레퍼런스   081

06 포스팅(Posting) UI 디자인 레퍼런스   083

CHAPTER 04
개선 전략 세우기   085

01 디자인 기본기 학습 전략   086

UI 디자인 공부의 시작 | 공부가 아닌 프로젝트를 목표로 하기 |
정말 필요할 때 공부하기

02 디자인 기본기 구성 요소   088

글자, 공간, 색채, 감정 | 재능, 감각, 그리고 크리에이티비티

03 벤치마킹 디자인 기법 제안   091

디자인을 벤치마킹하는 방법 | 벤치마킹과 표절의 차이

04 디자인 기본기 훈련하기   093

디자인 기본기를 훈련하는 네 가지 방법 | 색채 기본기 | UX/UI 디자인의 원칙

05 디자인 & 코딩 레퍼런스 베스트   102

디자인 레퍼런스 베스트 | 코딩 레퍼런스 베스트

PART **03**
일러스트레이터 포트폴리오 전략

00 PREVIEW   117

CHAPTER 01
포트폴리오 준비하기   119

01 타깃 정하기   120

출판 일러스트레이션 | 광고 회사 일러스트레이션 |
에디토리얼 일러스트레이션

02 기획하기   127

구상 : 어떤 분야의 포트폴리오를 만들 것인가 |

콘셉트 : 어떻게 표현할 것인가 | 구성 : 어떤 작품을 어떻게 표현할 것인가 |

레이아웃 : 어떻게 배치할 것인가

03 기법과 재료에 대한 선택   134

연필 | 색연필 | 수채 물감 | 아크릴 물감 | 과슈 | 콜라주 | 파스텔

CHAPTER 02
주제별 포트폴리오 제작하기   146

01 출판 일러스트   147

책 표지 | 잡지 디자인 | 신문 디자인

02 광고 일러스트   153

TV 광고 | 웹 광고 | 포스터 광고 | 신문 광고 | 잡지 광고 | 디스플레이 광고 |

옥외 광고

03 그림책 만들기   161

기획하기 | 스토리텔링 | 섬네일 스케치 | 원화 스케치 | 원화 연출 |

판형 결정 | 편집 디자인 | 출력

CHAPTER 03
포트폴리오 마무리하기   170

01 다양한 형태의 명함 만들기   171

대표 이미지 명함 | 형압 명함 | 양면 명함 | 아이디어 명함

02 인쇄 홍보물 만들기   174

엽서 | 카탈로그 | 포스터

03 일감 찾기   178

에디토리얼 분야의 특징 | 에디토리얼 분야의 정보 얻기 | 잡지 분야의 특징 |

출판 분야의 특징 | 출판사와의 꾸준한 커뮤니케이션 |

광고 분야 특징 | 클라이언트와 미팅에 임하는 자세

목차

BX 디자이너 포트폴리오 전략

00 PREVIEW   187

CHAPTER 01
타깃 정하기   190

01 **기업의 인하우스 디자이너**   191

대기업의 인하우스 디자이너 | 중견기업의 인하우스 디자이너 |

중소기업의 인하우스 디자이너 | 스타트업의 인하우스 디자이너

02 **에이전시 디자이너**   196

03 **스튜디오, 프리랜서 디자이너**   198

스튜디오의 특징 | 프리랜서 디자이너의 특징

CHAPTER 02
자료 조사   200

01 **무엇이 부족한지 파악하라**   201

프로젝트를 파악하기 위한 포트폴리오 정리 | 단 페이지로 요약하기 |

카테고리에 따른 분류

02 **브랜드 디자인 사례를 수집하고 분석하라**   204

기업의 상업적 아이덴티티 개발 |

박물관, 극장, 공연장, 축제 등의 아이덴티티 개발 |

도시, 기관 등의 아이덴티티 개발

03 **지원할 곳의 디테일과 성향을 파악하라**   222

기업의 프로젝트를 통한 성향 파악 : 오프라인 중심으로 |

기업의 프로젝트를 통한 성향 파악 : 온라인 중심으로

CHAPTER 03

표현 및 제출하기 243

01 프로세스 표현하기 244

첫 페이지 구성 | 조사 및 원인 도출 | 콘셉트 도출 |

이미지 연출하기 | 마무리하기

02 완성 후 제출하기 258

제출 양식 | 이력서와 자기소개서 |

제출 시 주의사항(메일 주소와 커버레터)

특별부록

포트폴리오 FAQ 50 263

INDEX 282

PART 01

나를 알리는 포트폴리오

CHAPTER 01

포트폴리오란 무엇인가?

포트폴리오를 준비한다고 하면서 정작 왜 포트폴리오를 만들어야 하는지 모르는 경우가 있습니다.
포트폴리오의 개념부터 제대로 파악해야 나아갈 방향을 정할 수 있고, 경쟁력 있는 포트폴리오를 만들 수
있습니다. 이번 CHAPTER에서는 포트폴리오의 개념에 대해 알아보겠습니다.

01 / 작품과
포트폴리오의 차이

노동과 작품의 사이

취업을 앞두고 있는 예비 디자이너라면 누구나 열심히 작품을 만들 것입니다. 그동안 공부했던 것을 토대로 열심히 디자인했다면, 그 노동의 가치를 인정받고 싶어 하는 것은 당연합니다. 그래서 수많은 디자이너가 노동의 가치가 스며든 작품을 선보이려고 혼신의 힘을 다합니다. 하지만 여기서 잊지 말아야 할 중요한 것이 있습니다. 여러분의 포트폴리오를 심사하는 회사는 노동의 가치와 디자인의 퀄리티를 분리해서 생각합니다. 다시 말해 노동의 가치가 입사의 당락을 결정짓는 중요한 요소가 아닙니다. 열심히 한 것만큼 인정받으면 좋겠지만, 디자인은 노동 이전에 작품으로서의 가치가 훨씬 더 중요합니다. 여러분이 만든 작품이 그 자체로 포트폴리오가 된다면 참 좋겠지요. 하지만 현실은 그렇지 않습니다. 여러분이 열심히 만든 작품 중 그 누구에게 보여줘도 부끄럽지 않을, 퀄리티가 높은 작품만이 포트폴리오가 될 수 있습니다.

호의적인 관객과 비호의적인 관객

여러분이 열심히 작품을 만들었다면 그 작품을 누군가에게 평가 받고 싶을 것입니다. 그때 주의할 점이 있습니다. 호의적인 관객과 비호의적인 관객을 구분하는 것입니다. 예컨대 여러분을 사랑하는 부모님께 작품을 보여준다면 돌아오는 반응은 너무나 뻔합니다. 어쩌면 보잘것없는 작품에도 별 다섯 개를 주며 여러분에게 용기를 주려 할 것입니다. 여러분의 지인과 친구들은 어떨까요? 그 사람들이 여러분과 앞으로도 좋은 관계를 유지하고 싶다면 굳이 객관적이고 냉정하게 평가하지 않을 것입니다.

객관적으로 여러분을 평가할 수 있는 유일한 사람은 여러분과 어떠한 관계도 맺지 않은 제삼자, 즉 비호의적인 관객입니다. 용기가 필요하다면 호의적인 관객에게 작품을 보여줘도 좋습니다. 하지만 정말 객관적인 평가를 원한다면 비호의적인 관객을 찾길 바랍니다. 그래야만 습작과 포트폴리오를 선별할 수 있습니다. 그렇다면 비호의적인 관객은 어떻게 찾을 수 있을까요? 요즈음에는 디자인 관련 온라인 커뮤니티가 많아서 검색 몇 번으로 쉽게 찾을 수 있습니다. 그리고 작품을 평가한 사람들의 경력과 작품도 살펴보세요. 비호의적인 관객의 평가도 관객이 누구인지를 분명히 선별해서 들어야 합니다.

02 / 자신을 위한
포트폴리오

이제 막 사회에 진출한 디자이너나 경력이 있는 디자이너라면, 현재 자신이 디자이너로서 어느 정도의 경쟁력을 갖추고 있는지를 짐작하기 어렵습니다. 주니어 디자이너가 진로를 위해 무엇을 준비해야 할지 고민할 때, 시니어 디자이너가 이직이나 다음 행보를 고민할 때, 포트폴리오는 현재 자신의 경쟁력을 한눈에 파악할 수 있는 유용한 도구입니다.

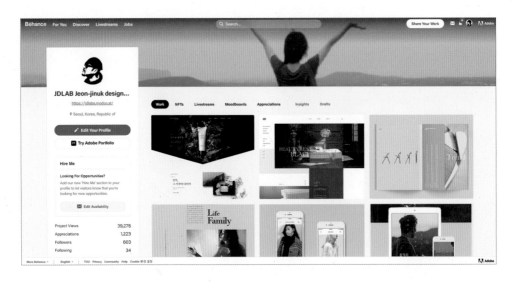

디자이너에게 포트폴리오는 단순한 취업의 도구가 아닙니다. 포트폴리오를 통해서 현재까지의 작업물을 정리할 뿐 아니라 자신의 주력 분야와 작업의 퀄리티도 확인할 수 있습니다. 또한 앞으로 나아갈 방향을 계획할 수도 있습니다.

포트폴리오를 통해 어느 부분이 부족한지, 지원하려는 분야를 위해서는 어떤 부분을 보완할지 분석합니다. 예컨대 브랜드 디자이너를 희망한다면 브랜드 아이덴티티를 도출하기 위한 시장 조사와 분석이 필요합니다. 시안을 위한 시각 자료와 분석 방향을 준비해야 합니다. 다양한 버전의 로고 스케치, 시안 디자인, 도출된 아이덴티티를 통해 해당 브랜드의 시뮬레이션 작업 등을 포트폴리오에 담습니다.

실무, 교육, 개인적인 활동 등을 통해 만들어진 작업들은 실물이나 목업, 콘셉트 보드나 보고서 등으로 표현될 수 있습니다. 사진이나 2D, 3D 렌더링 이미지, 영상 등으로도 표현할 수 있습니다. 또한 지속적으로 보완점을 체크하여 업데이트해야 합니다.

▲ 다양한 활동을 통해 얻은 결과물(Creatiview Project)

03

자신을
보여주기 위한
포트폴리오

포트폴리오를 통해 일차적으로 스스로를 돌아보고 판단했다면, 다음으로는 보완을 거쳐 누군가에게 자신을 보여주기 위한 자료로서 사용해야 합니다. 포트폴리오는 디자인 프로젝트를 시간 순으로 나열한, 여러분의 성장 과정을 보여주는 자서전이 아닙니다. 현재 진행형인 디자이너로서의 현주소를 타인이 판단할 수 있도록 보여주는 자료입니다. 분야에 따라서 무엇을 위한 포트폴리오인지 방향성을 확실히 보여줘야 합니다. 이처럼 자신을 보여주기 위한 포트폴리오를 만들기 위해서는 다음과 같은 세 가지 사항에 주의해야 합니다.

첫 번째, 왜 보여주는가

두 번째, 누구에게 보여주는가

세 번째, 무엇을 보여주는가

'왜 보여주는가'를 통해 명확한 목적을 표현해야 합니다. 목적에 따라 내부의 콘텐츠도 달라야 합니다. 예를 들어 브랜드 디자이너로 지원하기 위해 포트폴리오를 만들었는데, 출판 · 편집 디자인 관련 콘텐츠만 있다면 어떨까요? 아무래도 보는 이는 브랜드 디자이너로서의 가능성을 쉽게 파악할 수 없을 것입니다. 다음으로 '누구에게 보여주는가?'는 실무 디자이너에게 보여주는 것인지, 인사 담당자 같은 디자인 베이스가 없는 사람에게 보여주는 것인지를 고려하여 구성해야 한다는 의미입니다. 디자인에 대해 잘 알지 못하는 사람에게는 좀 더 쉬운 설명이 추가되어야 합니다. 실무 디자이너에게 보여준다면 디테일 컷을 보여주고 구체적인 설명이 있어야 합니다.

이러한 두 가지 사항을 통하여 자연스럽게 세 번째 포인트인 '무엇을 보여주는가'도 결정됩니다. 자신이 원하는 분야에 맞게 프로젝트마다 이것을 왜 보여주는지를 표현하고, 그것을 누가 볼 것인지에 따라 표현 방식을 명확하게 하는 것, 이것이 자신을 보여주기 위한 포트폴리오의 핵심입니다.

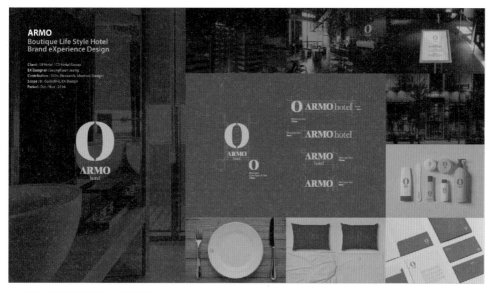

▲ 실무자에게 보여줄 약식 포트폴리오(Creatiview Project)

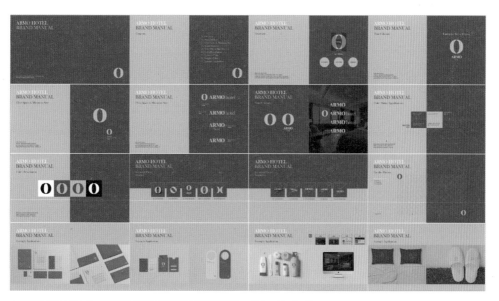

▲ 디자인 베이스가 없는 사람에게 보여줄 설명적인 포트폴리오(Creatiview Project)

CHAPTER 02

좋은 포트폴리오란?

좋은 포트폴리오란 여러 가지 의미를 지니고 있습니다. 취업을 위한 일차적인 목적에서는 회사나 인사 담당자에게 어필할 수 있는 포트폴리오가 좋은 포트폴리오일 것입니다. 그러기 위해서는 효과적인 구성으로 자신의 개성을 담거나 타인이 보기 편하도록 제작할 필요도 있겠지요. 만약 목적이 확실하다면 그에 따라 맞춤형 포트폴리오를 제작할 필요도 있습니다. 여기서는 다양한 의미에서 좋은 포트폴리오란 무엇인지 알아보겠습니다.

01

기본기가 탄탄한 포트폴리오

기본기라 함은 구도, 명도, 채도, 밀도, 타이포그래피 등 기본적인 조형 원리와 그래프, 표, 그루핑, 콘텐츠 편집 등 아주 일반적인 조형 요소를 말합니다. 디자이너의 포트폴리오는 이러한 조형적 능력을 자신 있게 보여줘야 합니다. 하지만 이런 요소들이 제대로 표현된 포트폴리오는 많지 않습니다. 예컨대 보통 초보 디자이너들은 그래프, 표, 타이포만으로 구성된, 지루하면서 복잡한 콘텐츠는 피하려고 합니다. 이런 콘텐츠는 빼고 화려한 이미지를 이용해서 감각적인 디자인만 보여주려 합니다. 초보 디자이너이기에 너무나 당연한 선택입니다. 하지만 조금 더 높은 목표를 가지고 초보 디자이너가 쉽게 도전하지 않는 콘텐츠에 도전한다면, 안목 있고 제대로 된 인사 담당자가 외면할 리 없습니다. 그렇다면 구체적으로 어떻게 디자인해야 조형적 기본기를 충분히 보여줄 수 있을까요? 몇 가지 구체적인 예시를 들어 설명하겠습니다.

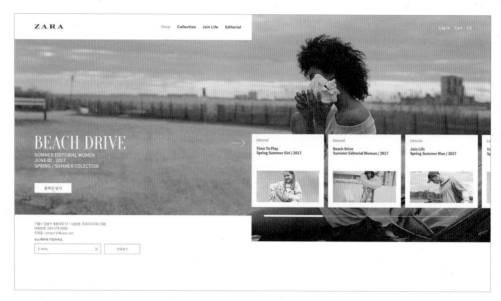

▲ ZARA Draft proposal _ Anonymity(https://www.behance.net/uksweb)

❶ 구도 | 레이아웃에 대한 고민이 잘 드러나야 합니다. 어떠한 콘텐츠를 디자인함에 있어 어떠한 이유로 현재의 레이아웃을 선택했는지를 보여줘야 합니다. 구도에서의 문제는 주로 레이아웃에서 발생합니다. 시각적 효과 또한 담당하므로 조형적인 구도는 매우 중요합니다.

▲ ANTENNA Draft proposal _ Cho minhee(https://www.behance.net/uksweb)

❷ 명도 | 강한 대비를 활용해 중요한 콘텐츠를 효과적으로 표현하였는지 점검해야 합니다. 멋있는 디자인도 좋지만 결국에는 중요한 콘텐츠가 가장 잘 보여야 효과적인 디자인입니다.

❸ 채도 | 전체적인 컬러 콘셉트와 포인트 컬러 정책을 의미합니다. 전체적인 컬러 콘셉트가 그 콘텐츠와 적합하게 어울려야 하고, 포인트 컬러 정책이 일관적이고 명확해야 디자인이 힘을 얻습니다.

▲ Bang & Olufsen Draft proposal _ Lee joengmi(https://www.behance.net/uksweb)

❹ **밀도** | 어느 하나라도 대충 처리한 부분 없이 버튼 하나 아이콘 하나에도 정성이 담겨 있어야 합니다. 실사 이미지를 사용할 경우 리터칭을 충분히 하여 원본과는 확연히 다른 보완된 이미지를 활용해야 합니다.

▲ Canon Draft proposal _ Anonymity(https://www.behance.net/uksweb)

❺ **타이포그래피** | 폰트의 운용은 원칙이 있어야 하고 절제되어야 합니다. 많은 폰트를 화려하게 쓰는 것보다는 원칙에 따라 철저히 계획된 전략적인 디자인을 구사해야 합니다. 디자인은 결국 콘텐츠 디자인입니다. 즉, 디자인에 있어서 마지막에 남는 것은 콘텐츠이고, 이 콘텐츠 디자인이야말로 디자인 능력의 척도입니다. 비주얼이 강한 시각적 디자인은 디자이너가 아니어도 멋진 그림을 그리는 사람이라면 얼마든지 표현할 수 있습니다. 디자이너로서의 변별력은 바로 콘텐츠 디자인에서 생겨납니다.

▲ D MUSEUM Draft proposal _ Anonymity(https://www.behance.net/uksweb)

02 / 자신만의 개성이 담긴 포트폴리오

디자이너라면 대중성을 추구해야 하지만 여러분만의 정체성, 즉 세계관과 개성도 있어야 합니다. 대표적인 분야가 일러스트레이션이라고 할 수 있을 것입니다. 일러스트레이터로서의 세계관은 자신만의 색깔을 보다 가치 있게 만드는 하나의 힘입니다. 또한 클라이언트에게 신선한 자극을 주기도 합니다. 그렇다면 개성 있는 포트폴리오를 만들기 위해 어떻게 해야 할까요? 다음 두 가지 방법을 살펴보겠습니다.

콘셉트가 명확한 포트폴리오

콘셉트가 명확하다는 것은 자신이 추구하는 세계관과 목적성이 명확하다는 뜻입니다. 콘셉트를 분명히 잡을 줄 안다면 그만큼 실무를 할 준비가 되어 있다는 뜻이기도 합니다. 이제 막 졸업한 신입 일러스트레이터라면 콘셉트를 잡기 어려울 수 있습니다. 책이나 인터넷을 통해 사전 조사를 한 후 콘셉트를 정합니다.

콘셉트가 있는 포트폴리오_ 강혜원
바쁜 일상을 상징하는 톱니바퀴 모양으로 디자인함으로써 자신이 표현하고자 하는 주제를 보다 명확하게 전달하고 있습니다.

자신만의 색깔이 돋보이는 포트폴리오

개성 있는 포트폴리오는 나만의 장점과 색깔을 확실하게 보여줍니다. 자신만의 색깔을 보여주기 위해서는 자신만의 특화된 재료와 기법을 사용하는 것이 좋습니다. 다른 사람과 차별화된 방식으로 표현하는 것이 좋으며, 다른 포트폴리오를 모방하여 포트폴리오를 만드는 것은 금물입니다. 자신의 아이디어가 아니므로 작업물 또한 자신감이 없어 보일 수 있고, 다른 작품과의 조화를 깨뜨릴 수도 있습니다.

무엇보다 정보를 부지런히 수집하여 자신의 강점을 부각해야 합니다. 보는 이의 오감을 만족시킬 수 있도록 전체적인 색감, 서체, 크기, 편집 등 모든 부분을 신경 써야 합니다. 무엇보다 요소 간의 조화를 잃지 않아야 자신만의 색깔이 돋보입니다. 개성은 하루아침에 만들어지지 않습니다. 정답도 없습니다. 하지만 꾸준히 노력하고 경험을 쌓는다면 자연스레 개성은 만들어질 것입니다.

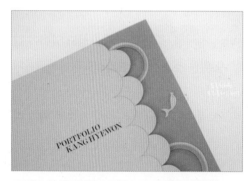 

자신만의 색깔이 돋보이는 페이퍼 커팅 포트폴리오_ 강혜원
레이저를 이용한 페이퍼 커팅으로 자신만의 색깔과 특징을 확실하게 보여줍니다.

03

보기 편안한
포트폴리오

보기 편안한 포트폴리오를 만드려면 단순히 텍스트와 레이아웃만 신경 써서는 안 됩니다. 텍스트를 읽지 않더라도 무엇을 보여주고자 하는지 한눈에 파악이 가능해야 합니다. 보는 이의 시각적인 피로함을 덜어주고, 일정한 규칙을 통해 정보의 흐름이 쉽게 파악되어야 합니다. 일반적으로 사람은 텍스트보다는 이미지와 컬러에 먼저 반응합니다. 따라서 포트폴리오에서도 이미지를 먼저 확인하고, 이후에 필요에 따라 텍스트를 읽습니다. 또한 일반적으로 시선은 왼쪽에서 오른쪽으로, 위에서 아래로 흐르기에 그에 따라 정보를 배치하면 시선의 흐름을 안정적으로 만듭니다.

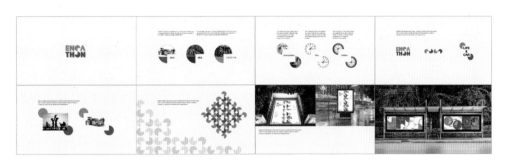

▲ 보기 편안한 포트폴리오

깔끔한 이미지를 사용하고, 과도한 컬러를 사용하여 눈을 피로하게 만드는 것을 지양합니다. 또한 일정한 레이아웃을 유지함으로써 일종의 규칙성을 만들어야 합니다. 프로젝트의 시작과 함께 대표 이미지가 나오고, 그 밑으로 타이틀과 짧은 설명, 그 이후에 자세한 이미지와 설명이 나오는 형식을 취할 수 있습니다. 이러한 규칙성은 보는 이로 하여금 포트폴리오를 훨씬 더 편안히 볼 수 있게 합니다. 더불어 안정감과 밸런스를 갖추기 위한 디자이너의 노력을 자연스럽게 보여줄 수 있습니다.

04 / 맞춤형
포트폴리오

맞춤형 포트폴리오란, 여러분이 지원하려는 회사나 클라이언트의 특성을 충분히 반영한 포트폴리오를 말합니다. 여러분의 스타일을 보여주면서 동시에 회사, 클라이언트의 스타일까지 담아낸다면 금상첨화입니다. 디자인 회사마다 고유한 연출과 레이아웃이 있습니다. 또한 그 회사의 아이덴티티를 반영한 포인트 컬러, 폰트를 쓸 수도 있습니다. 이미지 처리 방식, 콘셉트 설명, 제품 스펙 등에도 각각 스타일이 있습니다. 포트폴리오를 제작할 때 이러한 요소를 잘 반영한다면, 해당 회사를 위해 연구하고 노력했다는 인상을 남길 수 있습니다. 그리고 앞으로 일하게 될 회사의 스타일을 미리 파악함으로써 팀의 일원으로 참여할 준비가 되어 있다는 것도 보여줄 수 있습니다.

무조건 지원하려는 회사에 전부를 맞추라는 말은 아닙니다. 우선은 자신의 프로젝트와 지원하려는 회사의 성향이 맞는지를 파악합니다. 지원하려는 회사와 여러분이 함께 어떤 디자인을 할 수 있는지를 전달하기 위해 회사의 스타일 일부를 포트폴리오에 반영합니다. 다음 사례는 인쇄 버전에서 이면으로 펼쳐지는 것을 고려하여 정보 전달 부분과 이미지 부분을 나누었습니다. 이미지를 제외한 전체 레이아웃과 텍스트 컬러를 지원하는 회사에 맞추어 수정하였습니다.

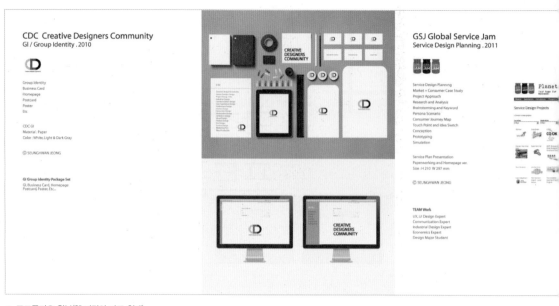

▲ 포트폴리오 원본(웹 버전의 가로 형태)

▲ 지원하는 회사에 맞추어 수정한 포트폴리오

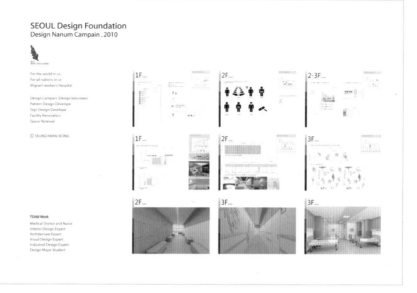

SEOUL Design Foundation
Design Nanum Campain . 2010

For the world in us
For all nations in us
Migrant worker's Hospital

Design Campain (Design Volunteer)
Pattern Design Develope
Sign Design Develope
Facility Renovation
Space Renewal

© SEUNG-HWAN JEONG

TEAM Work
Medical Doctor and Nurse
Interior Design Expert
Architecture Expert
Visual Design Expert
Industrial Design Expert
Design Major Student

SK encar.com Brand Experience
Repositioning & Campaign, Promotion Idea

Thank You

PART 02

UX/UI 디자이너
포트폴리오 전략

00 / PREVIEW

같이 걸어가기

필자는 처음 포트폴리오를 만들 때 멘토가 없었습니다. 경력자가 되어서 이직용 포트폴리오를 만들 때도 여전히 혼자였습니다. 철저하게 고립된 상태였습니다. 멘토가 있다면 금방 알게 될 것을 몇 년을 고민했고 그만큼 성장도 늦었습니다. 이 책을 쓰는 이유 또한 여러분이 필자와 같은 잘못된 길을 걷지 않기를 바라는 마음입니다. 혼자 포트폴리오를 만드는 것은 분명 많은 어려움이 있습니다. 가능하다면 누군가와 같이 걸어가는 것을 추천합니다.

포트폴리오 제작 단계마다 고려해야 할 사항들을 설명하겠습니다.

기능을 공부하는 단계

이 단계는 독학이 가능합니다. 여기서 독학은 오프라인 교육 기관을 제외한 유튜브, 인터넷, 책, 온라인 강의 등 모든 방법을 말합니다. 포트폴리오 제작을 위해 습득해야 할 필수 기능은 한정되어 있으므로 그 기능만 잘 공부하면 됩니다. 교재는 우리 주변에서 쉽게 구할 수 있습니다. 비용도 많이 들지 않습니다. 가장 어려운 것은 자신이 정한 목표를 오롯이 혼자서 끝까지 이루는 것입니다. 하지만 자신의 시간만 잘 관리할 수 있다면 크게 어려움은 없을 것입니다. 물론 누군가에게 배운다면 시간은 많이 단축될 것입니다.

레퍼런스로 경험을 쌓아가는 단계

이 단계는 동료나 멘토가 필요합니다. 현장에서 어떤 프로젝트를 진행할 때 일반적으로 가장 먼저 하는 작업은 레퍼런스 리서치입니다. 포트폴리오도 마찬가지입니다. 여러분이 기능을 마스터했다면 이러한 기능을 활용해서 다른 사람은 어떤 프로젝트를 했는지 레퍼런스를 찾고 공부할 필요가 있습니다. 그 공부 방법으로 모작을 추천합니다. 선 하나 면 하나도 똑같이 그려보는 모작을 통해서 훌륭한 디자이너의 고민을 추적할 수 있습니다. 이 디자이너는 여기서 왜 이런 판단을 했는지, 어떤 부분이 이 디자인을 빛나게 하는지를 살펴봅니다. 즉, 모작을 통하여 여러분은 훌륭한 디자이너처럼 생각하는 사람이 되어야 합니다. 이 단계는 혼자서 하기 어려운 단계입니다. 좋은 레퍼런스를 찾아야 하고 모작을 하는 방법도 정확해야 하며 과정에서 생기는 의문점도 풀어야 하기 때문입니다. 시간도 많이 걸리고 고민도 많은 단계이므로 어려움을 함께 나눌 동료가 있다면 좋습니다. 동료가 있다면 이 어려운 단계에서 흘리는 땀이 기분 좋은 땀이 될 수도 있습니다.

프로젝트를 만드는 단계

이 단계 또한 멘토나 동료가 필요합니다. 모작을 계속 하다 보면 내가 하고 싶은 프로젝트에 대한 방향과 목표가 보이기 시작합니다. 그때가 나의 프로젝트를 만들어야 할 때입니다. 앞서 설명한 단계 없이 프로젝트를 진행하면 내가 무엇이 부족한지, 무엇을 모르는지도 모르는 상황에 갇히게 됩니다. 기능만 알고 사용하는 방법을 모르는데 훌륭한 프로젝트가 완성될 리 없습니다. 이러한 단계를 충분히 거쳤다면 이제 마음껏 여러분의 프로젝트를 진행해도 됩니다. 프로젝트를 진행하다 모르는 부분만 콕 집어서 알려줄 멘토가 필요합니다. 멘토가 없다면 공통된 목표를 가진 동료가 그 역할을 대체할 수 있습니다. 단, 동료에게는 장점만 듣는 편이 좋습니다. 같은 초보자가 디자인의 단점을 콕 집어서 얘기해 주는 것은 아주 어렵고 위험합니다. 단점은 멘토의 영역에 맡기고 동료가 해주는 좋은 얘기들을 듣고 본인의 장점을 더 강조한다면 좋은 결과가 있을 것입니다.

포트폴리오를 완성하는 단계

이 단계는 훌륭한 멘토가 필요합니다. 포트폴리오는 여러분이 만든 프로젝트의 집합이 아닙니다. 여러분이 만든 수많은 프로젝트 중 선택된 베스트 오브 베스트만이 포트폴리오입니다. 우리는 프로젝트와 포트폴리오를 명확하게 분리해서 생각해야 합니다. 포트폴리오 선정을 위해서는 대단히 냉정한 태도가 필요합니다. 개인적으로 애착이 있는 프로젝트를 선정해서는 안 됩니다. 회사가 좋아할 만한 콘셉트와 완성도를 가진 프로젝트만 선택하고 그것을 더 완벽하게 다듬어야 합니다. 이 단계에서 멘토는 프로젝트 선택하기, 단점을 제거하기, 장점 부각하기, 개인 맞춤화 전략 수립, 포트폴리오 완성하기 등의 역할을 수행해야 합니다. 여러분이 작업을 열심히 하는 것보다 이 역할을 수행할 훌륭한 멘토를 찾는 것이 더 중요합니다. 만약 그것이 불가능하다면 여러분은 최대한 냉정한 태도로 여러분의 포트폴리오를 선정해야 합니다. 또한 직접 훌륭한 레퍼런스를 찾고 최대한 따라하는 것으로 훌륭한 멘토를 대신할 수도 있습니다.

사람은 누구나 각자의 상황과 사정이 있습니다. 그러므로 반드시 멘토나 동료가 있어야 하는 것은 아닙니다. 다만, 상황이 허락하는 한 여러분의 멘토나 동료를 찾는 데 최선을 다하기를 바랍니다. 아무것도 없는 상태에서 회사가 좋아할 만한 포트폴리오를 완성하는 것은 정말 대단한 일입니다. 하지만 그 길은 매우 어려우니 누군가의 손을 잡고 같이 걸어가기를 바랍니다.

자신 있게 당당하게 걸어가기

여러분이 어렵게 회사에 입사하더라도 처음에는 아마 힘든 시간을 겪을 것입니다. 회사에서 하는 일이 신입이 하기에는 대부분 높은 숙련도를 필요로 하기 때문에 상당한 스트레스를 받게 됩니다. 또한 어려운 업무에 비해 만족할 만한 연봉을 받는 것도 쉽지 않고 보상이 적다고 느껴 자신감이 떨어질 수 있습니다. 그럼에도 불구하고 여러분은 당당해야 합니다. 그 이유를 설명하겠습니다.

부족함에 당당해지기

혹시 회사에서 여러분의 역량에 대해 문제를 삼더라도 좌절하면 안 됩니다. 만약 그런 상황을 만난다면 자신을 더 발전시키면 됩니다. 국내 상당수 미디어 조사에 의하면 '대부분의 상사들은 신입 사원에게 많은 기대를 하지 않는다'라고 합니다. 대부분의 회사 선배들은 여러분에게 많은 것을 바라지 않습니다. 그러므로 '내가 이 회사에 다닐 자격이 있는가?', '나 때문에 회사가 망하는 것 아닌가?', '내가 월급을 받을 자격이 있는가?' 등 자신을 비하하고 자신의 가치를 바닥에 떨어뜨리는 생각을 하지 않기를 바랍니다. 월급이란 여러분이 선택한 회사에 다니기 위해 다른 기회를 포기한 것에 대한 대가입니다. 여러분은 다른 회사에 취업할 수 있고 자신의 사업을 해서 높은 수익을 낼 수도 있습니다. 하지만 여러분은 다른 기회를 포기하고 이 회사에 나의 노동력과 시간을 제공합니다. 그러므로 여러분은 출근해서 내 자리를 지키고 있는 이유만으로도 월급을 받을 자격이 충분히 있습니다. 여러분은 성장할 때까지 그저 보호받고 훈련되어야 할 대상일 뿐입니다. 신입의 정체성은 부족함에 있습니다. 여러분에게 필요한 것은 그저 경험의 시간입니다. 그러니 여러분이 충분히 성장할 때까지 여러분의 부족함 앞에서도 항상 어깨를 펴고 당당하기를 바랍니다.

연봉 때문에 자신감 잃지 않기

필자가 생각하는 연봉의 정의는 회사의 실력입니다. 놀랍게도 연봉은 여러분의 실력으로 결정되지 않습니다. 연봉은 회사의 자금력으로 결정됩니다. 높은 수익을 내거나 안정적인 수익을 내는 회사라면 여러분에게 많은 연봉을 줄 수 있습니다. 그러므로 높은 연봉을 받고 싶다면 그만한 자금력을 갖춘 회사에 입사해야 합니다. 냉정하게 말하자면 자금력이 없는 회사에 입사해서 높은 연봉을 받기 위해 여러분이 스스로 할 수 있는 것은 아무것도 없습니다. 높은 연봉을 받고 싶다면 자금력이 좋은 회사에 입사하는 것이 유일한 방법입니다. 자신의 연봉으로 자신의 가치를 판단하지 마세요. 여러분이 부족한 것이 아니고 회사의 실력이 부족한 것입니다. 여러분이 언젠가 실력 있는 회사에 입사하는 것으로 이 문제는 말끔하게 해결됩니다. 그러니 연봉이 낮다고 절대 자신을 비하하지 않길 바랍니다.

부족함은 신입의 특권입니다. 연봉은 여러분의 실력이 아닌 회사의 실력입니다. 여러분은 항상 자신 있게 당당할 권리가 있습니다. 실력도 중요하지만 당당함과 자신감은 여러분을 더 빛나게 할 것입니다. 또한 그렇게 자신 있게 당당하게 걸어가야 원하는 것을 얻을 수 있습니다. 자신 있고 당당한 여러분을 응원합니다!

CHAPTER 01

타깃 정하기

어떤 회사에 취업할 것이냐 하는 문제보다 어렵고도 중요한 일은 없습니다. 특히 신입 디자이너의 경우에는 더욱 그러합니다. 다양한 종류의 회사가 있는 만큼, 각 기업의 특성과 장단점을 명확히 알아볼 필요가 있습니다. 타깃이 정확하지 않은 구직 활동을 하다, 결국 취업 후에 후회하는 디자이너들을 많이 목격했습니다. 이에 기업을 분류하고 기업별 특성에 대해 설명하려고 합니다. 여러분의 목표를 분명하게 설정하고, 준비를 철저히 하여 취업에 성공하시길 바랍니다. 그리고 한 가지 덧붙이자면 필자는 사실 업무에 관한 성취도보다는 노동자의 근로 복지를 더 중요하게 생각하는 사람입니다. 그동안 많은 제자들의 취업을 도우며, 그들의 선택에 따라 달라지는 다양한 삶들을 오랫동안 간접 체험하고 있습니다. 그러다 보니 필자는 좋은 회사의 기준을 정할 때 제자들의 미래와 삶의 질을 최우선으로 합니다. 그리고 이 기준은 예나 지금이나, 미래에도 변치 않을 것입니다. 필자의 이런 기준을 특정 기업에 대한 편견이 아닌 동종업계 선배의 관점으로 생각해주기를 바랍니다.

01

회사의 분류

취업을 위해 가장 첫 번째로 해야 할 것은 분명한 목표를 세우는 것입니다. 그 목표는 당연히 어떤 회사가 될 것입니다. 그렇다면 일단은 대한민국에는 어떤 회사가 있고 어떻게 나뉘는지를 알아야 합니다. 회사를 분류하는 방법과 형태는 다양합니다. 여기서는 가장 전통적인 방식인 규모를 기준으로 분류하여 설명하고자 합니다. 특히, 분류별로 인사 담당자가 중요하게 생각하는 채용 우선순위와 포트폴리오 전략을 간단하게 정리했습니다. 그리고 일부분은 디자인 직종에만 특정되고 필자의 개인적인 경험과 판단에 의해 작성되었습니다. 따라서 여러분이 지원하려는 기업은 필자가 제공하는 정보보다 더 철저히 리서치하기를 바랍니다.

대기업	사원수	1,000명 이상
	분류기준	통상적으로 공정거래위원회가 지정하는 30대 그룹을 지칭
	초봉	중소기업 7년차 수준
	채용우선순위	로열티와 성장 가능성
	포폴전략	로열티가 잘 드러나는 포트폴리오
중견기업	사원수	300명 이상 1,000명 미만
	분류 기준	중소기업의 조건과 대기업의 조건 사이, 상호 출자 제한을 받지 아니하는 기업
	초봉	중소기업 4년차 수준
	채용우선순위	스펙과 전문 분야의 실무 능력
	포폴전략	해당 산업 분야의 실무 능력이 잘 드러나는 포트폴리오

중소기업	사원수	5명 이상 300명 미만
	분류기준	사원수 기준과 같음
	초봉	법정 최저임금보다 20프로 많은 수준
	채용우선순위	경력자 수준의 다양한 실무 능력
	포폴전략	다양한 능력을 어필할 수 있는 포트폴리오
소기업	사원수	5명 미만
	분류기준	사원수 기준과 같음
	초봉	법정 최저임금 수준
	채용우선순위	포폴전략과 같음
	포폴전략	포트폴리오 완성도

▲ 규모에 따른 기업 분류표

02 / 회사 선택의 기준

웹 에이전시를 목표로 할 때 고려해야 할 사항

웹 에이전시는 많은 디자이너들이 꿈꾸는 직장입니다. 실력 있는 경력 디자이너가 많아서 그들에게 많은 노하우를 배울 수 있고, 짧은 시간에 많은 경험을 쌓을 수 있기 때문입니다. 하지만 모든 웹 에이전시가 그런 좋은 조건을 가진 것은 아닙니다. 많은 경험을 할 수 있다는 장점은 있지만 상대적으로 근로 복지는 중소기업의 평균 복지 수준보다 열악한 경우가 많습니다. 따라서 웹 에이전시에 입사하기를 희망한다면 아래의 기준을 잘 확인하기를 바랍니다.

- **디자인 팀 인원** | 많을수록 좋습니다.

- **클라이언트** | 중견기업 이상 클라이언트가 많을수록 좋습니다.

- **디자인 수준** | 웹 에이전시라고 해서 무조건 디자인 퀄리티가 높지는 않습니다. 잘 모르겠다면 믿을 만한 사람에게 평가를 부탁하는 것이 좋습니다.

- **매출액** | 매출액이 공개되어 있고 매출액이 높은 회사가 좋습니다.

- **평판** | 신입은 웹 에이전시의 업계 평판을 확인할 수 있는 정보가 없습니다. 특히 웹 에이전시는 소기업이나 작은 규모의 중소기업이 대다수라서 근로 복지에서 초법적인 만행을 저지르는 웹 에이전시가 일부 있습니다. 잘 모르겠다면 믿을 만한 사람에게 물어보는 것이 좋습니다.

- **소속과 포지션** | 에이전시는 일반적으로 제안, 구축, 운영, 파견으로 파트가 나누어진 경우가 많습니다. 에이전시라면 제안 팀과 구축 팀에 입직할 것을 추천합니다.

스타트업을 목표로 할 때 고려해야 할 사항

스타트업 기업은 설립한 지 얼마 안 된 신생 벤처기업을 뜻합니다. 미국의 실리콘밸리에서 생겨난 용어입니다. 혁신기술, 아이디어, 미래 성장 가능성이 있는 아이템을 보유하고 있습니다. 대부분 자체적인 비즈니스 모델을 가지고 있으며 규모가 작거나 프로젝트 성격이 강한 회사입니다. 필자는 스타트업은 경력 디자이너에게 적합한 기업 형태라고 판단하기에 신입 디자이너에게 추천하지 않습니다. 해당 산업 분야에 대해 많은 경험을 가진 경력자가 기술 인력을 맡고, 아이디어가 많고 사고방식이 유연한 사회 초년생이 경영 인력을 맡는 것이 가장 이상적인 스타트업 구성입니다. 이 구성이 반대가 될 경우 신입 기술 인력에게는 리스크가 매우 많으므로 신입이 스타트업에 입직하는 것은 매우 신중하게 판단해야 합니다.

CHAPTER 02

제작 전략 세우기

UX/UI 디자인 포트폴리오를 설계하기 위한 몇 가지 전략을 제시합니다. 이는 필자가
오랫동안 많은 제자들의 포트폴리오 설계를 가이드했던 경험을 기반으로 만든 전략이지만
어느 경우에나 통하는 전략은 아닙니다. 그동안의 경험에 의하면 가장 좋은 전략은 결국
디자이너 본인의 성향과 가장 잘 맞는 전략이었습니다. 우선 포트폴리오 전략에 대한
정보가 전혀 없다면 일단 이 내용을 베이스로 삼고 반드시 본인과 가장 잘 맞는 맞춤 전략을
더 연구하기를 바랍니다.

01

포트폴리오 설계 전략

포트폴리오의 정의

포트폴리오의 정의를 전통적인 육하원칙으로 정리해보겠습니다.

Who? 내가

When? 내가 정한 시간 안에

Where? 나만의 세상에서

What? 내가 만든 결과물을

How? 잘 정리해서

Why? 서류 전형에 합격하기 위해
       제출하는 자료

정리하자면 포트폴리오는 내가 정한 시간 안에 나만의 세상에서 내가 만든 결과물을 잘 정리해서 서류 전형에 합격하기 위해 제출하는 자료입니다. 그럼 이제 여기서 딱 한 가지 전제만 변경하고 다시 정리해보겠습니다. '나'를 '인사 담당자'로 변경하겠습니다.

Who? 인사 담당자가

When? 다른 업무로 바쁜 시간에

Where? 수많은 지원자들 포트폴리오 중에서

What? 지원자의 장점을

How? 투명하게 평가하여

Why? 서류 전형을 통과시키기 위해
　　　작성하는 증거 자료

정리하자면 포트폴리오는 인사 담당자가 다른 업무로 바쁜 시간에 수많은 지원자의 포트폴리오 중에서 지원자의 장점을 투명하게 평가하여 서류 전형을 통과시키기 위해 작성하는 증거 자료입니다.

정의가 아주 많이 달라졌습니다. 필자는 대다수의 사람들이 포트폴리오를 나를 중심으로 정의하기 때문에 잘못된 방향을 선택하여 서류 전형에서 아픔을 겪는다고 생각합니다. 포트폴리오는 아직 한 번도 만나지 못한 인사 담당자 단 한 명을 위해 제출하는 도큐먼트입니다. 그러므로 인사 담당자가 나를 뽑아야 하는 이유가 명확하게 담긴 증거 서류를 전달해야 인사 담당자는 나를 서류전형에 합격시킬 수 있습니다. 서류 전형 과정은 공정하고 투명해야 합니다. 그 공정함과 투명함의 증거 자료는 여러분이 만들어야 하는 것입니다. 그래야 인사담당자는 공정한 인사 업무를 할 수 있습니다. 인사 담당자에게 포트폴리오는 이러한 의미입니다.

필자가 제시한 포트폴리오의 정의를 완벽히 이해하고 받아들였다면 필자의 얘기를 듣는 것을 당장 멈추고 지금 바로 포트폴리오 준비를 해도 괜찮습니다. 포트폴리오를 준비하면서 생기게 될 모든 질문은 모두 이 정의를 기준으로 판단하면 자동으로 답이 나오기 때문입니다.

인사 담당자가 편하게 볼 수 있는 포트폴리오 파일

많은 디자이너들이 가장 고민하는 문제 중 하나가 포트폴리오 파일을 HTML과 PDF 둘 중 무엇으로 만들 것인가입니다. 당연히 필자는 HTML로 제작해서 홈페이지 도메인을 제출하는 것을 추천합니다. PDF 파일은 파일 포맷 자체가 UX/UI 디자인 포트폴리오에 적합하지 않은 파일입니다. 하지만 디자이너마다 각자 사정이 있으니 아주 단순한 판단 기준을 제시하겠습니다. 코딩을 할 수 있다면 HTML, 코딩을 할 수 없다면 PDF로 포트폴리오를 만듭니다.

▲ HTML VS PDF

사실 이 문제는 판단의 문제가 아니라 할 수 있는가 없는가에 대한 문제입니다. 코딩을 못한다면 이미지로 제작한 디자인 포트폴리오를 PDF로 제출하는 것이 당연합니다. 반면 코딩을 할 수 있는데 이미지 파일로 제출할 이유는 전혀 없습니다. UX/UI 디자이너의 코딩 능력은 채용 결정에 있어 제일 중요한 요소 중 하나인데 코딩을 하지 않는 것은 이상한 판단입니다.

단, 코딩을 못한다고 해서 반드시 PDF로 제출해야 하는 것은 아닙니다. 코딩을 못해도 HTML 파일로 만들어서 홈페이지 도메인을 보내는 것은 가능합니다. 코딩이 아무리 싫어도 이미지 하나로 만들어진 홈페이지를 간단히 만들 수 있습니다. HTML에 이미지를 올려 웹 페이지를 만들고 웹 호스팅 서비스를 신청해 개인 도메인을 연결하면 됩니다. 자세한 내용은 온라인에 많은 자료가 있으니 직접 찾아보기를 추천합니다.

또한 이 방법은 PDF 파일이 가지고 있는 가장 큰 단점을 해결할 수 있습니다. 일반적으로 PDF 사이즈는 FHD(1920×1080) 사이즈를 많이 사용합니다. 그런데 문제는 모던 웹의 높이 값이 1080인 경우가 거의 없습니다. 높이 값은 아주 많이, 상상 이상으로 길어지기 마련입니다. 모바일 프로젝트도 마찬가지입니다. 그래서 이미지를 축소하다 보면 디테일을 확인하기 어렵고 이것은 디자이너에게 치명적인 사고입니다.

이쯤에서 우리는 의문점이 생길 수 있습니다. 그렇다면 코딩을 못하면 UX/UI 디자이너가 아닌가? 그렇지는 않습니다. 실제로 이미지 포트폴리오만 취업에 성공하는 사례가 많습니다. 또한 현업에서도 코딩을 못하지만 활발히 활동 중인 훌륭한 디자이너가 아주 많습니다. 다만 UX/UI 포트폴리오의 특성상 당연히 웹 사이트 포맷의 파일이 적합합니다. 그러므로 조금의 공을 들여서 간단한 홈페이지를 제작하여 제출한다면 합격 가능성은 당연히 올라갈 것입니다.

02 / 가상 리뉴얼에 적합한 사이트 선정 기준

포트폴리오를 만들려면 당연히 클라이언트가 필요합니다. 신입이든 경력자이든 포트폴리오로 쓸 만한 결과물이 없다면, 가상의 클라이언트를 상대로 리뉴얼 디자인을 하는 것이 효과적입니다. 이때 고민해야 할 문제는 '어떤 회사 사이트를 가상 리뉴얼할 것인가?'입니다. 이를 위해 고려하면 좋을 사이트 선정 조건 몇 가지를 제시합니다.

누구나 알 만한 회사일 것

사이트는 당연히 유명한 회사의 사이트를 선택하는 것이 좋습니다. 문제는 어느 정도로 유명한 회사를 선택하느냐입니다. '나의 포트폴리오를 심사하는 사람은 어떤 사람일까?'를 생각하면 고민은 의외로 간단하게 해결됩니다. 여러분의 포트폴리오를 심사하는 인사 담당자의 연령대는 최소 20대 후반일 것입니다. 인사 권한을 가지려면 보통 7년차 이상의 경력을 요구하기 때문입니다. 그렇다면 이 연령대의 사람들이 알고 있을 만한 회사를 선택하는 것이 합리적입니다. 물론 자신이 좋아하는 사이트나 직접적인 관계가 있는 회사의 사이트를 리뉴얼하는 것도 방법이지만, 혹시라도 인사 담당자가 잘 알지 못하는 회사라면 문제가 발생할 수 있습니다. 여러분이 그 회사의 콘텐츠를 아무리 잘 디자인했더라도 인사 담당자가 그 회사가 어떤 회사인지, 무엇이 중요한 콘텐츠인지를 파악하는 데 꽤 많은 시간이 걸릴 수도 있습니다. 여러분의 노력이 수포로 돌아가지 않도록 해당 연령대에 인지도가 있고, 콘셉트가 확실한 회사 사이트를 리뉴얼한다면 여러분의 포트폴리오를 보다 어필할 수 있을 것입니다.

콘텐츠가 차고 넘칠 것

가상으로 리뉴얼하려는 회사를 선택했다면 다음으로 고민할 문제는 콘텐츠가 얼마나 많은가입니다. 적합한 양은 여러분이 디자인하려는 콘텐츠의 최소 1.5배 이상입니다. 디자인하기에 좋은 콘텐츠도 있고 어려운 콘텐츠도 있는데, 이왕이면 여러분이 자신 있게 디자인 할 수 있는 콘텐츠를 선택해야 합니다. 리뉴얼하려는 사이트에 콘텐츠가 별로 없다면 요리할 재료가 충분하지 않은 것과 같습니다. 3인분의 요리를 하려면 5인분 정도의 재료를 준비해서 그 중 신선하고 좋은 재료를 엄선해야 더 맛있는 요리를 만들 수 있는 것과 같습니다. 덧붙여 콘텐츠는 텍스트만을 지칭하는 것이 아닙니다. 멀티미디어 파일과 통계 자료 등도 모두 콘텐츠입니다. 다양한 형식의 콘텐츠가 풍부해야 좋은 디자인을 완성할 수 있으므로, 반드시 콘텐츠가 차고 넘치는 회사 사이트를 선정하기를 바랍니다.

양질의 비주얼 콘텐츠가 많을 것

개인의 실력도 중요하지만 비주얼 콘텐츠의 퀄리티에 따라 디자인의 퀄리티가 상당 부분 결정됩니다. 같은 실력을 가졌더라도 멋진 이미지와 동영상을 활용한 사람과 그렇지 않은 사람의 디자인은 퀄리티에서 큰 차이가 납니다. 다소 투박하게 표현하자면 높은 퀄리티의 이미지와 동영상으로 디자인하면 퀄리티가 낮아지기가 어렵고, 그렇지 않은 경우라면 퀄리티가 높아지기 어렵습니다. 물론 그럼에도 불구하고 멋진 디자인을 완성하는 분들이 있습니다. 그런 능력자를 우리는 경력자라고 부릅니다.

03

포트폴리오 작품 개수의 기준

포트폴리오에 들어갈 작품의 개수는 신입의 경우 두 개 정도, 경력자라면 연차만큼의 개수가 적당합니다. 만약 경력이 7년차라면 최소 일곱 개 이상의 포트폴리오는 필요합니다. 포트폴리오로 사용할 작품이 아무리 많더라도 옥석을 가려 가장 잘 만든 작품들 위주로 보여줘야 합니다. 내가 열심히 했다고 그것을 모두 다 제출하는 것은 자충수입니다. 욕심부리지 말고 자신 있는 디자인 몇 개만 고르는 것이 현명합니다. 아래에서 그 이유에 대해 자세히 설명하겠습니다.

욕심과 능력의 차이

여러분이 고민해야 할 것은 '과연 몇 개의 포트폴리오를 만들 수 있는가'입니다. 정확하게 표현하자면 욕심과 능력의 차이입니다. 만약 여러분이 열 개의 포트폴리오를 만들고자 한다면 여러분이 생각한 대로 열 개를 완성하기 전까지 그 목표는 그저 욕심이고 의지입니다. 결과적으로 잘 만든 디자인의 개수가 여러분의 능력입니다. 개수에 대한 고민은 접어두고 일단 디자인을 시작한 후 최종적으로 몇 개를 완성했는지를 점검해야 합니다. 자신의 능력을 무시한 채 목표에만 전념하면 그 작품 하나하나가 우수할 리 없습니다. 오히려 높은 퀄리티의 작품이 하나도 없는 최악의 상황이 발생할 수도 있습니다.

마음을 움직이는 작품 하나

좋은 회사의 인사 담당자라면 디자이너를 채용할 때마다 한바탕 곤욕을 치르기 마련입니다. 많은 디자이너가 지원을 하면 검토해야 할 포트폴리오가 산처럼 쌓입니다. 필자가 인사 담당자로 근무할 때도 이는 큰 스트레스였습니다. 지원하는 사람들의 마음과 노력을 잘 알기에 혹시라도 놓치는 부분이 없도록 꼼꼼하게 검토해야 하는데, 확인해야 할 포트폴리오는 줄어들지 않기 때문입니다. 하지만 그런 와중에 재미있고 뛰어난 디자인을 만나면 무척이나 즐거웠습니다. 반대로 무작정 포트폴리오만 제출한 성의 없는 디자인을 볼 때면 피로가 두 배, 세 배로 쌓이는 느낌이었습니다. 그러다 보니 어느 순간 눈이 즐겁고 가슴 뛰게 하는 포트폴리오만 선별해서 보았습니다. 결국 디자이너에게 중요한 것은 많이 만드는 것이 아니라, 퀄리티가 뛰어난 매력적인 포트폴리오를 엄선해서 제출하는 것이 중요합니다. 인사 담당자는 여러분의 포트폴리오를 모두 볼 여유도 의무도 없습니다. 보는 순간 마음을 움직일 수 있는 디자인을 소량만 엄선하여 인사 담당자의 마음을 움직이는 포트폴리오를 제출하는 것이 좋습니다.

포트폴리오와 연봉의 관계

여러분이 모르는 무서운 사실이 하나 있습니다. 채용이 되더라도 일부 퀄리티가 낮은 포트폴리오를 제출했다면 연봉 삭감의 원인이 됩니다. 인사 담당자의 중요한 업무는 여러분의 포트폴리오를 심사하고 채용하는 것이지만, 다른 하나는 바로 연봉 협상입니다. 여러분의 포트폴리오 중에 퀄리티가 낮은 디자인이 섞여 있다면 그것은 인사 담당자 입장에서는 연봉 협상의 중요한 무기가 됩니다. 만족할 만한 연봉을 받고 싶다면, 퀄리티가 낮은 디자인은 포트폴리오에서 과감하게 **빼는** 것이 바람직합니다. 우수한 포트폴리오 사이에 몇몇 수준 낮은 포트폴리오를 추가하는 것은 '나는 이런 부분을 잘 못하니까 낮은 연봉을 받아도 된다'는 의미가 될 수도 있습니다.

04 / 포트폴리오 배치의 기준

포트폴리오를 오래된 작품부터 시작해서 최근 작품으로 끝나는 배치의 포트폴리오를 본 적이 있습니다. 평범한 디자인으로 시작해 마지막에 가장 훌륭한 디자인을 배치하는 포트폴리오도 자주 봤습니다. 이러한 방식들은 위험합니다. 포트폴리오는 인사 담당자에게 보여지는 순서가 중요합니다. 미괄식이 아니라 두괄식으로 구성해야 합니다. 포트폴리오는 영화가 아닙니다. 잔잔히 전개되다 그 후 갈등이 생기고 마지막에 클라이맥스를 향해 달려가는 형식을 따르면 안 됩니다.

예를 들어 제출할 사이트가 세 개라면 그중 가장 자신 있는 사이트를 인사 담당자가 가장 먼저 볼 수 있게 배치해야 합니다. 포트폴리오 설계의 기본 전제는 인사 담당자가 나의 포트폴리오를 검토하다가 언제 닫을지 모른다는 것입니다. 맨 처음부터 최고 퀄리티의 디자인을 배치해서 이후의 디자인도 볼 수 있게 관심을 유도해야 합니다.

우리가 분명히 알아야 할 것은 인사 담당자가 탈락할 포트폴리오를 끝까지 다 보는 경우는 별로 없다는 사실입니다. 1차 서류 전형을 통과하지 못했다는 얘기는 포트폴리오를 다 보지 않고 중간에 닫았다는 얘기입니다. 다 보고 나서 탈락시키는 경우는 거의 없습니다. 보는 도중에 탈락을 시킵니다. 인사 담당자 입장에서는 당연한 행동입니다.

모든 것을 인사 담당자 입장에서 생각을 하고 작품 배치도 디테일한 전략을 세워야 합격률을 조금이라도 더 높일 수 있습니다. 이렇게 아주 조금의 차이로 합격할 수도, 탈락할 수도 있습니다. 그러므로 포트폴리오 배치에 대한 고민은 매우 중요합니다.

CHAPTER 03

스타일 전략 세우기

인사 담당자가 가장 선호하는 UX/UI 디자인 포트폴리오 스타일은 따로 있습니다. 그 스타일에 대한 비주얼 레퍼런스와 핵심 포인트를 정리했습니다. 제공하는 예제는 실제 사이트가 아닌 시안입니다. 예제로 제공된 시안들은 필자가 처음 강의를 시작하고 지금까지 오랜 기간 UX/UI 강의를 받았던 제자들이 만든 가상 리뉴얼 시안입니다. 욱스웹 디자인 아카데미, 노원 이젠컴퓨터아카데미를 졸업한 사랑하고 존경하는 나의 친구들에게 감사드립니다.

브랜딩 디자인
레퍼런스

브랜딩 디자인이란 어떤 브랜드나 기업의 가치를 상승시켜, 고객들이 해당 브랜드에 대한 상징체계와 신뢰도를 형성할 수 있도록 하는 일종의 사전 마케팅 전략입니다. 그렇기에 디자인의 본질적 기능 중 하나인 콘셉트 디자인 능력이 가장 중요합니다. 디자인 목표를 하나의 콘셉트에만 집중하는 전략입니다. 인사 담당자의 기억에 남을 만한 확실한 스타일을 구축하는 것이 매우 중요합니다.

AMORE PACIFIC
Draft proposal _
Ma sunjin(https://www.
behance.net/uksweb)

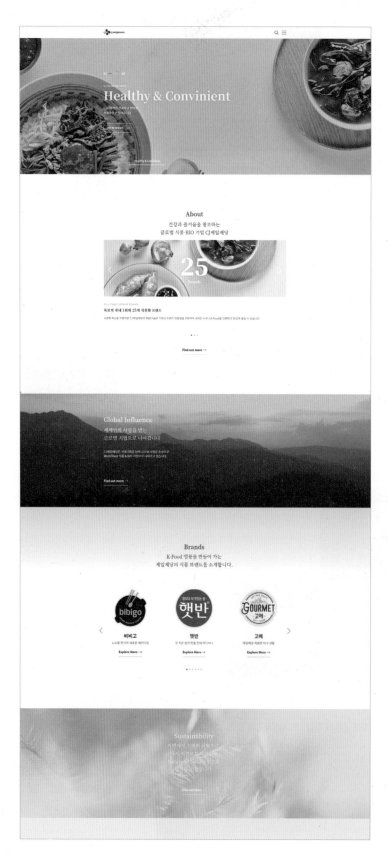

CJ
Draft proposal _
Kwon hyojae(https://www.
behance.net/uksweb)

FASHION TV
Draft proposal _
Cho yunjin(https://www.
behance.net/uksweb)

LG HAUSYS
Draft proposal _
Ma sunjin(https://www.
behance.net/uksweb)

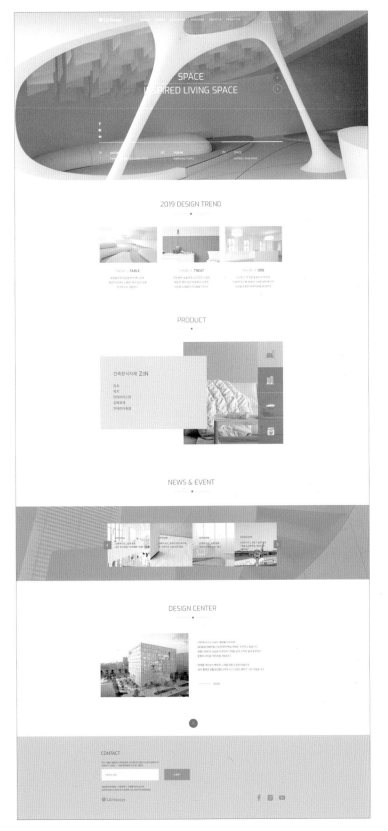

LG HAUSYS
Draft proposal _
Choi sunhee(https://www.
behance.net/uksweb)

Sulhwasoo
Draft proposal _
Choi jinhee(https://www.
behance.net/uksweb)

Simmons

Draft proposal _

Lee hyeyoung(https://
www.behance.net/uksweb)

Starship Entertainment
Draft proposal _
Hwang taehoon(https://
www.behance.net/uksweb)

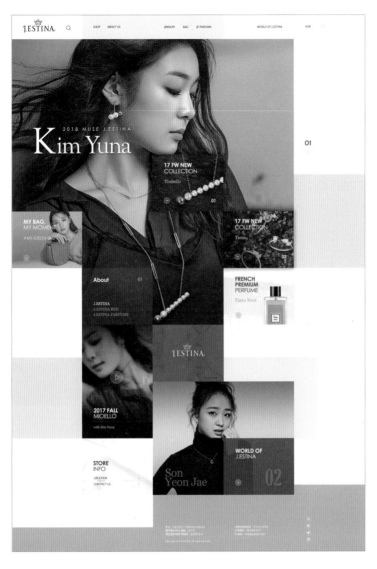

J ESTINA
Draft proposal _
Lee hyeyoung(https://
www.behance.net/uksweb)

Bang & Olufsen Draft proposal _ Lee joengmi(https://www.behance.net/uksweb)

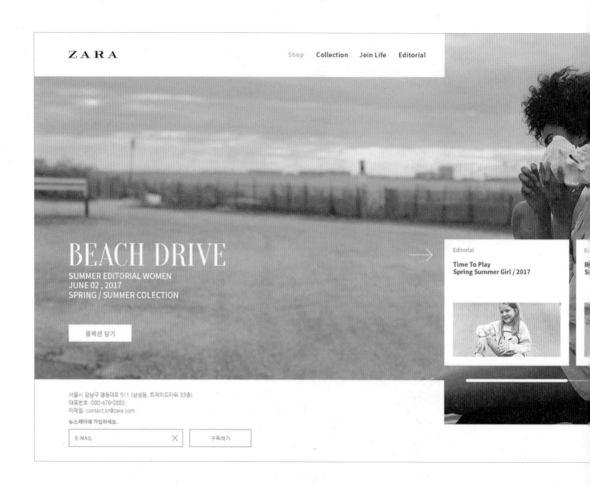

ANTENNA Draft proposal _
Cho minhee(https://www.behance.net/uksweb)

ZARA Draft proposal _
Anonymity(https://www.behance.net/uksweb)

02 / 이커머스 (E-Commerce) 디자인 레퍼런스

이커머스는 온라인에서 상품이나 무형의 서비스를 사고파는 것을 뜻합니다. 이커머스 디자인은 브랜딩 디자인과 함께 UI 디자인 능력이 많이 요구됩니다. 쇼핑몰 UI에 대한 학습 및 연구도 필요하여 난이도가 높은 디자인입니다. 특히 디자인 콘셉트보다는 실제 구매까지의 연결을 고려한 마케팅 관점의 UI 설계가 더 중요합니다. 이커먼스 디자인은 UI 디자이너의 포트폴리오에서 빠져서는 안 될 필수 디자인입니다.

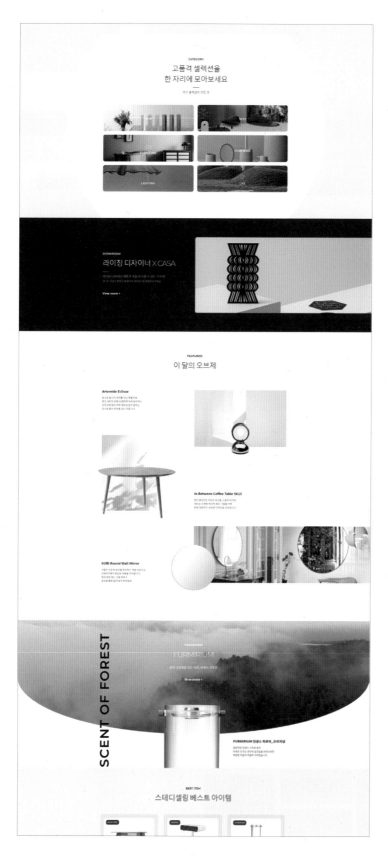

CSLV
Draft proposal _
Kwon hyojae(https://www.
behance.net/uksweb)

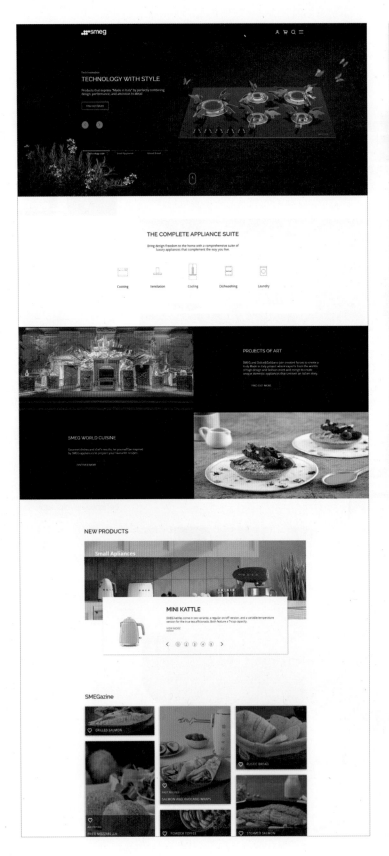

smeg
Draft proposal _
Kim sojin(https://www.
behance.net/uksweb)

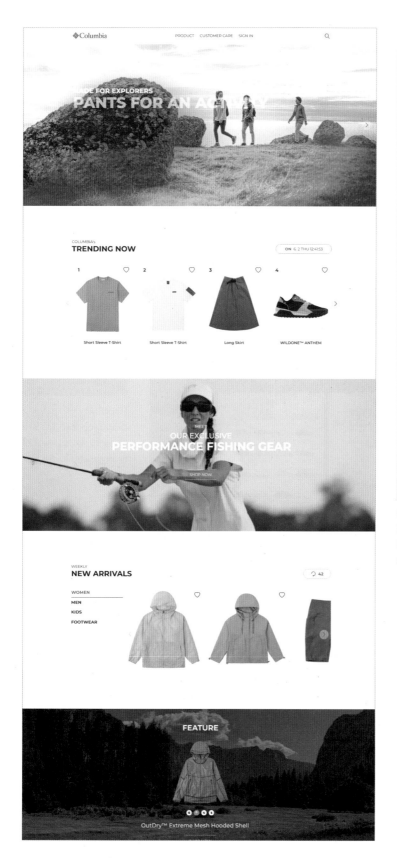

Columbia
Draft proposal _
Kang eunji(https://www.
behance.net/uksweb)

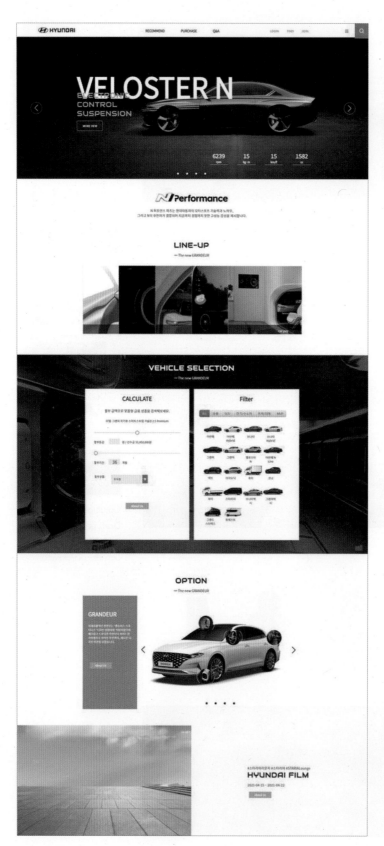

HYUNDAI
Draft proposal _
Ko enuhwa(https://www.
behance.net/uksweb)

SAMSUNG
ELECTRONICS
Draft proposal _
Heo youjin(https://www.
behance.net/uksweb)

GIORDANO
Draft proposal _
Choi soyoung(https://www.
behance.net/uksweb)

03

모바일 디자인 레퍼런스

모바일 디자인은 PC 버전 포트폴리오보다 더 중요합니다. 모던 웹에서는 유저들이 PC보다 주로 모바일에서 콘텐츠를 소비하기 때문입니다. 인사 담당자들도 모바일 디자인 능력을 매우 중요하게 생각합니다. 즉, 모바일 디자인은 이제 선택이 아닌 필수입니다. 모바일 디자인 기술 중 하나는 반응형 웹 디자인입니다. PC와 모바일에서 화면이 어떻게 변경되는지, 콘텐츠는 어떻게 변하는지 등을 고려한 디스플레이 디자인이 필요합니다. 이를 위해 모바일 및 디스플레이 디자인 레퍼런스를 많이 찾아보고 연구해야 합니다.

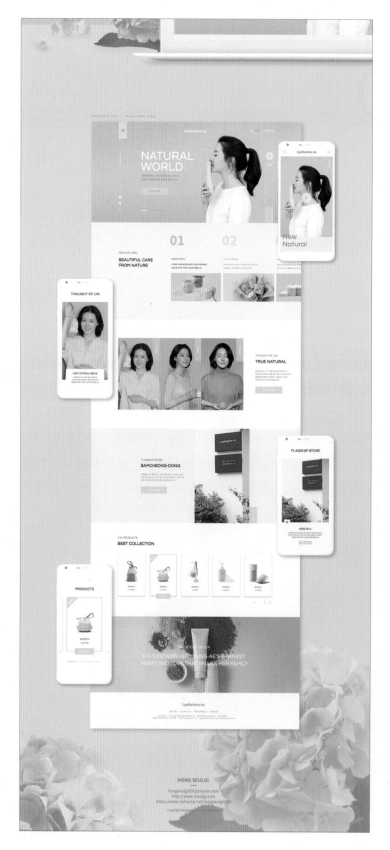

Lyanature co.
Draft proposal _
Hong seulki(https://www.
behance.net/uksweb)

한복 윤선제
Draft proposal _
Lee jubin(https://www.
behance.net/uksweb)

Responsive Web

PC & Mobile Version

PC width - 1920px / Mobile width - 360px

NIKE

Draft proposal _

Choi sunhee(https://www.
behance.net/uksweb)

04 앱(App) 디자인 레퍼런스

모바일 네이티브앱 디자인입니다. 네이티브앱이란 웹 브라우저로 보는 사이트가 아니라 애플리케이션 스토어에서 설치하여 사용하는 앱을 말합니다. 네이티브앱은 백엔드 언어로 코딩하기 때문에 디자이너가 코딩까지 하는 것은 사실상 어렵습니다. 그렇기 때문에 비주얼 디스플레이 디자인이 매우 중요합니다. 특히 와이어프레임, UI 가이드, 목업 시뮬레이션 연출 등 다양한 앱 개발 정보를 제공하는 전략이 필요합니다.

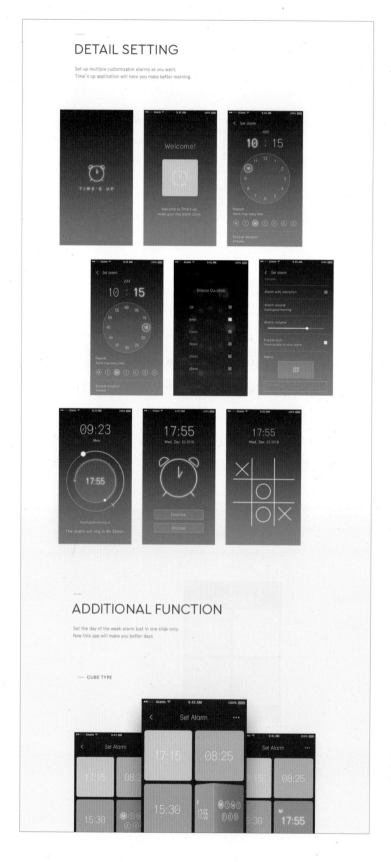

DETAIL SETTING

Set up multiple customizable alarms as you want.
Time's up application will help you make better morning.

ADDITIONAL FUNCTION

Set the day of the week alarm just in one slide only.
Now this app will make you better days

— CUBE TYPE

TIMES UP
Draft proposal _
Cho yunjin(https://www.
behance.net/uksweb)

EZEN AIRLINES
Draft proposal _
Choi myungsik(https://
www.behance.net/uksweb)

KLOOK
Draft proposal _
Lee jubin(https://www.
behance.net/uksweb)

05

멤버십
UI 디자인 레퍼런스

회원 가입, 정보 수정, 탈퇴 등 멤버십과 관련된 UI 디자인입니다. UI 디자인에서 실제로 가장 중요한 파트입니다. 특히 디자인하는 과정에서 UI 플로우에 대한 심도 깊은 연구가 필요합니다. 멋진 메인 페이지와 함께 멤버십 UI까지 완성한다면 UI 디자인 능력에 대한 신뢰도를 높일 수 있습니다.

06

포스팅(Posting) UI 디자인 레퍼런스

웹 사이트에서 텍스트 및 멀티
미디어 데이터를 전송, 등록,
수정하는 포스팅과 관련된 UI
입니다. 대표적으로 질문/답변
(QNA), 자주 묻는 질문(FAQ),
게시판(BOARD) 등이 있습니
다. UI 디자이너의 정보 디자
인 능력을 어필할 수 있습니다.

CHAPTER 04

개선 전략 세우기

타깃, 제작 전략, 스타일 등을 고려하여 습작을 만들었다면 이제는 습작을 개선해야 할 차례입니다. 처음에 만든 습작은 미흡한 부분이 많습니다. 문제는 '무엇을 어떻게 개선해야 하는가?'입니다. 크게는 두 가지 기준이 있습니다. 첫 번째로 디자인 기본기를 잘 드러내는 것, 두 번째로 모던 웹의 흐름을 반영하는 것입니다. 두 가지 기준으로 먼저 개선합니다. 디자인 기본기를 개선하기 위해서는 콘셉트만 강조하고 나머지 기본적인 원칙을 무시한 부분이 없는지 체크해야 합니다. 비유하자면 기본기 없는 콘셉트는 '세상에 공개되면 안 되는, 밤에 쓴 일기장'과 같습니다. 두 번째, 모던 웹의 흐름을 반영하기 위해서는 벤치마킹이 가장 중요합니다. 충분한 벤치마킹과 레퍼런스 없이 자신의 취향대로만 작업한다면 디자이너의 개성은 잘 드러낼 수 있으나, 실무형 디자인을 선호하는 기업 입장에서는 선택하기 어려운 포트폴리오입니다. 이러한 부분을 명심하고 개선해야 합니다.

01 / 디자인 기본기
학습 전략

디자인 기본기를 어떤 책 한 권만으로 완벽히 학습한다는 것은 불가능합니다. 하지만 디자인 기본기를 학습하는 방법에 대해서는 몇 가지 유용한 아이디어가 있습니다. 앞으로의 디자인 기본기 학습 여정에 조금이나마 도움이 되기를 바랍니다.

UI 디자인 공부의 시작

UI 디자인은 다른 분야에 비해 공부량이 압도적으로 많습니다. UI 디자인은 예술과 공학이 격렬하게 공존하는 영역이기 때문입니다. 디자인 기본기, UX/UI 이론, 화면 설계, 그래픽 툴, 코딩, 웹 표준, 웹 접근성, 프론트엔드 개발, 웹 기획 등을 공부해야 합니다. 이 모든 내용을 학습하는 것이 현실적으로 가능한가 의문이 들기도 합니다. 이 문제에 대한 두 가지 해결책을 알려드리겠습니다. 공부가 아닌 프로젝트를 목표로 하기, 필요할 때 공부하기입니다.

공부가 아닌 프로젝트를 목표로 하기

일단 마음에 드는 소규모 프로젝트 하나를 목표로 정합니다. 물론 그 프로젝트는 현실에 존재하는 레퍼런스를 기반으로 정해야 합니다. 그리고 이 프로젝트를 완성하려면 어떤 공부가 필요한지를 자세하게 조사합니다. 공부를 하면서 궁금한 부분이 있더라도 이 프로젝트와 상관이 없는 부분은 과감하게 패스합니다. 이렇게 프로젝트에 꼭 필요한 내용만 선택해서 공부하면 가장 빠르게 필요한 지식을 습득할 수 있습니다. 또한 공부한 것을 바로 사용해야 내 기억에 잘 남습니다. 잊어버리고 싶어도 잊을 수 없습니다. 사람은 직접 사용한 기술은 매우 잘 기억하기 때문입니다. 배운 기술을 바로 써먹지 않으면 바로 잊어버린다는 사실을 명심하고 프로젝트에 바로 적용합니다.

정말 필요할 때 공부하기

공부하기 가장 좋을 때는 무언가 해야 하지만 하는 방법을 모를 때입니다. 주위 사람들은 이것저것을 알아야 무엇을 할 수 있다고 말합니다. 대비를 하는 차원에서 공부를 미리 하는 것도 좋은 선택입니다. 하지만 공부에서 가장 중요한 것은 동기부여입니다. 동기부여가 없는 공부는 결과가 좋을 수가 없습니다. 공부라는 것은 원래 어려운 일인데 내가 이것을 반드시 해야 할 이유를 모른다면 어떻게 공부를 열심히 할 수 있을까요? 미리 공부해도 필요가 없는 공부를 한다면 공들였던 모든 시간이 사라집니다. 반드시 공부해야 할 때, 즉 무엇이 정말 필요할 때에 우리는 열심히 공부할 수 있습니다.

02 / 디자인 기본기 구성 요소

기본기의 가장 중요한 요소를 정리하였습니다. 바로 글자를 잘 쓰는 능력, 공간에 대한 이해, 색채에 대한 관점, 타인의 감정에 대한 통찰력입니다.

글자, 공간, 색채, 감정

글자를 잘 쓰는 능력은 디자인의 시작이자 끝이라고 할 수 있습니다. 상업 디자인에서 글자는 매우 중요한 요소이기 때문입니다. 글자를 쓰는 능력이 부족하다면 좋은 디자인을 완성하는 것은 불가능합니다.

공간에 대한 이해는 디자인을 구성하는 모든 오브젝트에 대한 예의입니다. 디자인 오브젝트는 자신만의 공간을 가질 권리가 있습니다. 이 공간은 때로는 매우 넓거나 좁아야 하며, 오브젝트마다 적절한 공간을 부여해야 합니다. 이러한 공간에 대한 이해가 있어야 한정된 공간에 다수의 오브젝트를 조화롭게 배치할 수 있습니다.

색채에 대한 관점은 색채가 가지고 있는 각각의 특성에 대한 이해를 바탕으로 합니다. 나아가 색채가 보는 이에게 미치는 영향을 알아야 합니다. 각각의 색은 고유한 성질과 특성을 무시하고 사용하거나 부적절한 조합을 시도한다면 보는 이를 불쾌하게 할 수도 있습니다. 불쾌감이 심한 경우 심리적으로 부정적인 영향을 미치기도 합니다. 예를 들어 어떤 사람에게 빨간색으로 벽을 칠한 방은 공포감을 불러일으킵니다. 그러므로 색채 이론 공부는 디자이너에게 필수입니다.

타인의 감정에 대한 통찰력은 타인의 감정에 대한 배려이기도 합니다. 만약 누군가의 마음을 편하게 만드는 것이 목적이라면 보기에도 편안한 디자인을 해야 하고, 캠페인이 목적이라면 설득을 위한 강한 디자인이 필요합니다. 디자이너의 취향과 관점도 중요하지만, 디자인의 목적에 따라 타인의 감정에 대한 깊은 이해가 있어야 합니다. 타인의 감정에 대한 배려가 없는 디자인은 결코 좋은 디자인이 될 수 없습니다.

간단하게 디자인의 기본기를 정리해보았습니다. 이런 기본기를 전제로 한 디자인은 적어도 사람의 마음을 다치게 하거나 불쾌하게 하지는 않을 것입니다. 디자인은 좋은 디자인도 있지만 나쁜 디자인도 분명히 있습니다. 우리는 적어도 나쁜 디자인은 하지 않아야 합니다.

재능, 감각, 그리고 크리에이티비티

대다수의 디자이너는 재능, 감각, 그리고 크리에이티비티를 동일시하는 경향이 있습니다. 엄밀히 말하자면 이 세 가지는 각각 매우 다릅니다.

디자인보다 더 큰 범주인 미술에서의 재능은 어떤 대상의 재현에 대한 능력치를 뜻합니다. 즉, 아름다운 풍경이나 어떤 대상을 보았을 때 그것을 정확하고 충실하게 재현하는 능력입니다. 하지만 이것은 선천적인 능력입니다. 태어날 때부터 남들보다 시각 인지력과 관찰력이 발달한 것입니다. 그래서 이러한 재능을 가진 이들은 예술 분야에서 남들보다 탁월한 재현 능력을 보입니다.

감각은 남들과는 다른 관점과 느낌을 표현하는 능력입니다. 영어로는 스타일(Style)이란 단어로 표현할 수 있습니다. 개인적으로 스타일이란 '완벽을 포기하고 얻는 것'이라고 생각합니다. 또한 스타일이란 하나의 콘셉트를 매우 크게 부각시키는 것인데, 이렇게 하나의 콘셉트를 강하게 부각하는 것은 여러 조형적 요소가 서로 완벽한 균형을 이룬 상태에서는 불가능합니다. 즉, 완벽한 균형을 적절하게 깨트려야 얻을 수 있는 것이 스타일입니다.

크리에이티비티는 현재의 것에 대한 의심입니다. 인류는 지금까지 크리에이티비티에 의해 발전하며 진화하고 있습니다. 현재의 것보다 더 좋은 것이 있지 않을까 하는 의심에서 출발하여 끊임없이 발전하려는 노력이 인류와 미술의 역사일 것입니다. 특히 디자인의 경우, 크리에이티비티는 아예 없는 것을 창조하기보다 현재의 것을 좀 더 나은 방향으로 발전시킨 결과입니다. 즉, 크리에이티비티는 선천적 재능이 아닌 후천적 노력의 결과입니다. 열심히 노력하고 연구한다면 누구나 크리에이티비티를 가질 수 있습니다.

앞의 세 가지 특성을 살펴보면 재미있는 사실이 있습니다. 모두 기본기를 전제로 합니다. 재능이라는 선천적 능력을 보유한 사람도 그 재능을 완성하기 위해서는 결국 조형적 기본기를 공부해야 합니다. 재능을 발전시키고 훈련하지 않으면 결국 재능은 버려집니다. 감각은 기본기를 변칙적으로 깨트리고 얻는 것이므로 기본기에 대한 이해 없이는 불가능합니다. 우리가 대상에 대한 이해 없이 변화시킬 경우, 종종 예상치 못한 최악의 상황이 벌어집니다. 기본기 없는 크리에이티비티는 새로움이 아니라 이상함으로 다가올 것입니다. 어쩌면 우리 삶을 더 불편하게 만들지도 모릅니다. 이처럼 디자인의 기본기에 대한 충분한 이해 없이 무언가를 변화시킨다는 것은 매우 위험한 일입니다. 우리가 사는 세상을 더 살기 좋게 만드는 크리에이티비티는 디자인 기본기를 전제로 실행되어야 합니다.

벤치마킹 디자인 기법 제안

대다수의 디자이너들은 벤치마킹을 매우 중요하게 생각하여 열심히 연구하고 열정을 쏟아붓습니다. 경험을 토대로 효율적인 벤치마킹 디자인 기법을 알려드리겠습니다.

디자인을 벤치마킹하는 방법

일반적인 벤치마킹 디자인 방법은 세 가지가 있습니다.

첫 번째, 레퍼런스를 감상하고 참고할 만한 포인트를 분석하고 이를 토대로 디자인합니다.

두 번째, 작업 화면 옆에 레퍼런스를 띄워 두고 보면서 따라합니다.

세 번째, 레퍼런스를 그래픽 툴 캔버스 아래에 깔아두고 픽셀 하나 컬러 하나까지 똑같이 따라합니다.

세 가지 중 어느 것이 가장 도움이 될까요? 첫 번째 방법은 별로 도움이 안 됩니다. 직접 보면서 모작을 해야 레퍼런스에 숨겨진 노하우를 알아낼 수 있습니다. 원작 디자이너의 고민을 역추적하는 과정이 없다면 훌륭한 벤치마킹이 아닙니다. 두 번째 방법도 적절하지 않습니다. 인간의 두뇌는 컴퓨터처럼 정확하지 않습니다. 레퍼런스를 바로 옆에 두고 그것을 똑같이 따라한다고 생각하지만 사실은 그렇지 않습니다. 레퍼런스, 디자이너의 뇌, 디자이너의 마음, 디자이너의 손, 이 네 가지 요소 간 소통에서 오류가 생기기 마련입니다. 그대로 그리려고 해도 디자이너의 뇌와 마음이 따라주지 않을 수도 있습니다. 본인은 그대로 모작했다고 생각하지만 대부분 그렇지 않습니다.

세 번째 방법처럼 정말 똑같이 해야 합니다. 레퍼런스를 말 그대로 모작을 해야 그 디자이너가 왜 이렇게 했는지 그 사람의 사고를 알 수 있습니다. 픽셀 하나, 컬러 하나까지 정말 똑같이 해야 합니다. 컬러를 어떤 방식으로 배치했는지, 그라데이션을 쓴 것인지, 브러시로 그린 것인지는 모작을 해야 알 수 있습니다. 그렇게 해야 우리는 레퍼런스 원작자의 노하우를 느끼고 배울 수 있습니다. 효과적인 벤치마킹을 위해 아래와 같은 과정을 제안합니다.

레퍼런스 서칭 – 모작 – 장점 연구 – 개선 아이디어 도출 – 디자인 개선

디자이너 벤치마킹은 레퍼런스 모작에서 시작해야 합니다. 모작 후에 레퍼런스의 장점을 연구합니다. 그리고 나의 생각을 담아 디자인을 개선합니다. 즉, 벤치마킹 디자인은 모작에서 시작해서 개선으로 끝납니다.

벤치마킹과 표절의 차이

벤치마킹과 표절의 차이점은 시간의 차이에서 발행합니다. 벤치마킹을 할 때는 일단 똑같이 모작을 해야 공부가 됩니다. 그런데 여기서 그대로 멈추면 표절이 됩니다. 모작을 통한 학습을 한 다음 거기서 멈추지 않고 나만의 방법으로 재해석하며 개선하면 그것은 훌륭한 벤치마킹이 됩니다. 모작을 하지 않는 것도 문제고, 모작을 한 다음 그것을 개선하지 않는 것도 문제입니다. 즉, 모작 이후에 시간을 들여 나만의 디자인으로 개선하지 않는다면 그것이 바로 표절입니다.

04

디자인 기본기 훈련하기

비전공자가 디자인 기본기를 튼튼하게 다질 수 있는 방법 몇 가지를 제안하고자 합니다.

디자인 기본기를 훈련하는 네 가지 방법

첫 번째는 디자인 경력을 쌓으면서 시간을 쪼개어 미술 대학에 진학하는 것입니다. 짧게는 2년, 길게는 4년의 시간이 걸리겠지만, 여러분이 앞으로 살아가야 할 디자이너의 삶에 비하면 아주 짧은 시간에 불과합니다. 디자인을 전문적으로 학습할 수 있는 대학 진학에 도전해보세요. 디자인은 매우 전문적인 학문이므로, 기초가 전혀 없다면 어떠한 형태로든 학습이 필요합니다.

두 번째는 가까운 화실에서 그림을 그리는 것입니다. 디자인 기본기의 대부분은 그림을 잘 그리는 것으로 해결할 수 있습니다. 디자인 또한 미술의 한 범주에 속하기 때문입니다. 사실 우리가 아는 미술이라는 것은 드로잉, 채색 등을 일컫는 일반적인 용어이기 때문입니다. 하지만 이 방법은 긴 시간이 필요합니다. 최소 1년 이상 그림을 그려야 실제적인 효과를 기대할 수 있습니다. 재미있는 사실은 디자인을 전공했더라도 그림을 잘 그리지 못하는 디자이너가 생각보다 많다는 것입니다. 비전공자라도 그림을 잘 그린다면, 미술 대학을 졸업한 디자이너보다 부족함이 없다고 생각합니다. 따라서 꾸준하게 그림을 그리다 보면 분명 효과를 볼 수 있을 것입니다.

세 번째는 비정기적으로 원데이 클래스나 짧은 기간의 아트워크 레슨을 받는 것입니다. 어떤 주제이든 괜찮습니다. 무언가를 만들고 그린다는 행위 자체가 매우 중요합니다. 작지만 즉각적인 성취감을 얻는 짧은 레슨을 계속 받다 보면 어느 정도 자신만의 미적 관점과 스킬, 자신감을 가질 수 있습니다.

네 번째는 자신의 업무에 집중하며 실무 경험을 늘려가는 것입니다. 디자인 기본기는 실무를 통해서 조금씩 발전하지만 정작 스스로는 자신이 성장하고 있다는 사실을 잘 모릅니다. 발전하는 속도가 체감이 가능할 정도로 빠르지 않기 때문입니다. 하지만 실무를 하고 있는 여러분은 분명히 발전하고 있습니다. 자신의 업무를 성실하게 수행하면서 얻는 디자인 기본기는 굉장히 중요합니다. 그러니 인내심을 가지고 견딜 필요가 있습니다.

이렇게 네 가지 방법을 제안했지만 어떤 것 하나만 해서는 부족하거나 오랜 기간이 걸릴 수도 있습니다. 딱 한 가지만 선택하기보다는 두 가지 이상을 시도하기를 추천합니다. 여러 가지 방법 중 무엇이 나와 잘 맞는지를 잘 살펴보길 바랍니다. 가장 좋은 방법은 나와 가장 잘 맞는 방법입니다. 이렇게 꾸준히 도전하면 여러분은 결국 좋은 결과를 얻을 것입니다.

색채 기본기

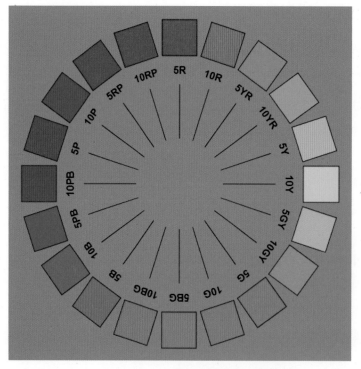

▲ 색상환(https://ko.m.wikipedia.org/wiki/파일:MunsellColorWheel.svg)

UX/UI 디자인은 색채 심리학이 필요한 영역이 많습니다. 특히 UI 설계에서 색채 심리학은 많은 도움이 됩니다. 하지만 색채 심리학은 고도로 전문화된 분야이기 때문에 대기업, 중견 기업이 아니라면 이 분야의 전문가와 함께 일하는 경우는 많지 않습니다. 일반적으로 시니어 이상 디자이너들이 직접 적용하고 관리합니다. 또한 색채 심리학은 마케팅과 연관이 높아 마케팅 팀과 시니어 디자이너가 협업하여 코워킹으로 다루는 편입니다. 그러므로 신입의 경우 색채 심리학까지 고민할 필요는 없습니다.

신입의 경우 색채를 공부하더라도 이것을 실무와 연결시키는 것은 또 다른 문제입니다. 학습한 색채 이론을 실무에서 적용하며 자연스레 내공을 쌓게 됩니다. 즉, 색채 기본기는 경험을 쌓으며 차차 익혀야 할 부분이므로 지금 당장 잘 모른다고 하여도 크게 걱정하지 않아도 괜찮습니다.

UX/UI 디자인의 원칙

UX/UI 디자이너의 가장 중요한 역량은 냉철한 논리적 사고와 따뜻한 마음입니다. 유저의 행동 패턴을 이해하기 위해 노력하고 유저가 사용하는 데 불편함이 없는지 살펴보아야 합니다. 또한 논리적으로 판단하여 화면을 설계하고 기능성을 높여야 합니다. 이러한 냉철함과 따뜻함이 만날 때 유저는 만족스러운 경험을 하게 됩니다.

UI 디자인을 하다 보면 무언가를 선택해야 하는 상황을 수도 없이 겪습니다. 그럴 때마다 했던 고민을 반복한다면 고통스러울 것입니다. 대신 UI 디자인에 대한 나만의 원칙이 있다면 선택은 생각보다 쉽고 즐거운 과정이 될 것입니다. 그동안 현장에서 느끼고 동료들과 공감했던 UI 디자인 원칙을 정리하였습니다. 여러분들도 자신만의 원칙을 만들고 지켜 나가길 바랍니다.

나는 유저가 아니다

- 유저의 입장에서 생각하는 것은 많은 스트레스와 노력이 필요합니다.
- 유저의 입장에서 설계한 UI는 비즈니스와 마케팅에서 긍정적인 효과를 유발합니다.
- 유저의 UI 선호도, 입장, 관점을 막연한 느낌이나 소문으로 판단하지 않습니다.

대다수 유저의 선호도와 디자이너의 취향이 부딪힌다면 디자이너의 취향을 포기합니다.

항상 나의 니즈가 아닌 유저의 니즈를 살펴봅니다.

디자이너는 유저 입장일 때 느꼈던 불편함과 개선 사항을 그 즉시 메모합니다.

내가 설계한 UI가 유저에게 편리한 UI인지 스스로 체크하지 말고 주변 사람에게 체크를 부탁합니다.

내가 설계하는 UI가 나만의 취향이 아닌지 계속해서 의심합니다.

예상 가능한 UI

- UI는 혁신보다 상식이 중요합니다.
- 이 버튼을 누르면 어떤 일이 일어날지를 충분히 설명합니다.
- 버튼은 유저가 충분히 예상할 수 있는 곳에 배치합니다.

유저가 가야 할 콘텐츠에 도달할 때까지 한 단계씩 정확하게 안내합니다.

유저의 행동으로 유저가 기대한 화면으로 이동 가능한지 체크합니다.

유저가 최초 한두 번의 경험으로 전체 UI 패턴을 파악할 수 있게 설계합니다.

일관적인 UI

- 유저가 UI에서 일정한 패턴과 루틴을 느낄 수 있도록 설계합니다.
- 유저 행동에 대해 일관성 있는 반응을 보여줍니다.
- 디자인 콘셉트가 정해지면 끝까지 유지합니다.

다른 페이지로 이동하더라도 동일한 디자인을 경험하도록 설계합니다.

선의 굵기는 두 개 이하로 사용합니다.

면 모서리에 곡선을 적용한다면 끝까지 그렇게 합니다.

면 모서리의 곡선 값은 하나로 통일합니다.

폰트 크기는 다섯 가지 이하로 사용합니다.

폰트는 네 개 이하로 사용합니다.

폰트 컬러는 네 개 이하로 사용합니다.

UI 스타일이 다양해지지 않도록 계속해서 경계합니다.

사용할 컬러를 지정하고 그 컬러만을 사용합니다.

컬러 사용 룰을 만들고 그 룰을 지키면서 개발합니다.

유저의 관심을 분산시키는 요소가 있는지 계속해서 확인합니다.

단순한 UI

● 선택해야 할 항목이 증가하면 유저의 고민 시간도 늘어납니다.

● 유저는 복잡한 페이지에 오래 머무르지 않습니다.

● 여백은 최대한 넉넉하게 사용합니다.

한 화면에서 유저에게 많은 정보 입력을 요구하지 않습니다.

텍스트는 최대한 이해하기 쉽게 작성합니다.

텍스트는 최대한 짧게 작성합니다.

하나의 박스에 많은 정보를 담지 않습니다.

타이틀은 꾸미지 않고 최대한 단순하게 전달합니다.

유저에게 반드시 필요한 정보가 아니라면 과감하게 삭제합니다.

단순한 디자인은 유저의 집중력을 향상시킵니다.

불필요한 디자인을 과감하게 삭제합니다.

직관적인 UI

● 중요한 것과 중요하지 않은 것은 서로 멀리 배치합니다.

● 버튼과 버튼이 아닌 것을 구별할 수 있는 시각적 기준을 제공합니다.

● 별도의 설명이 필요한 UI는 좋은 UI가 아닙니다.

다양한 연령층의 사용자도 동일한 경험을 하도록 설계합니다.

중요한 버튼은 유저가 바로 알아볼 수 있게 설계합니다.

사용법을 고민하게 만드는 UI는 좋은 UI가 아닙니다.

처음 사용하는 유저도 경험자처럼 사용할 수 있게 설계합니다.

유저의 익숙함을 존중하는 UI

● 유저가 거부감을 느끼지 않도록 시간차를 두고 천천히 UI를 개선합니다.

● 혁신이 유저에게 스트레스가 될지 즐거움이 될지 항상 고민합니다.

● 새로운 UI에 적응하는 것은 유저에게 언제나 스트레스입니다.

유저에게 친숙하고 익숙한 반응을 우선으로 설계합니다.

유저는 편리한 것보다 익숙한 것을 더 좋아합니다.

유저가 가장 많이 경험한 UI가 무엇인지 항상 리서치합니다.

유저에게 가장 익숙한 위치를 우선으로 버튼을 배치합니다.

최신 트렌드는 친숙한 UI와 함께 적용합니다.

유저가 받아들일 수 있을 만큼만 개선합니다.

유저의 실수에 관대한 UI

● 유저는 언제나 실수를 할 수 있다는 전제 하에 UI를 설계합니다.

● 유저의 실수에 관대한 UI는 유저의 충성도를 상승시킵니다.

● 유저에게 틀렸다는 메시지가 아닌 해결 방법을 제공합니다.

정확한 설계는 훌륭한 매뉴얼과 동일한 기능을 합니다.

유저의 실수에 대해 만회할 수 있는 UI를 설계합니다.

복잡하고 일관성 없는 UI는 유저의 실수를 유발합니다.

유저의 실수를 개발자가 유발한 것이 아닌지 다시 한번 생각합니다.

유저의 실수에 대해 언제나 관대한 마음을 가집니다.

유저의 의도와 다른 플로우에 진입했을 때 되돌아갈 수 있는 기회를 제공합니다.

유저가 버튼을 잘못 눌렀다면 확실한 피드백으로 같은 실수를 반복하지 않도록 배려합니다.

내가 설계한 UI가 유저가 길을 잃게 만드는지 다시 한번 확인합니다.

내가 설계한 반응이 유저에게 혼란을 주는지 다시 한번 확인합니다.

유저가 위험한 판단을 하면 강한 반응으로 알려줍니다.

유저가 보안에 취약한 행동을 하면 바로 알려줍니다.

정보를 잘못 입력하면 바로 알려줍니다.

이미 사용 중인 아이디를 입력하면 바로 알려줍니다.

유저가 빠뜨린 필수 정보가 있다면 최대한 빨리 알려줍니다.

유저의 의식 수준과 발걸음을 같이하는 UI

● 유저의 의식 수준이 올라가면 UI의 수준도 같이 올라가야 합니다.

- 일반적인 상식이 변하면 UI도 같이 변해야 합니다.

- 유저가 선호하는 UI가 무엇인지 정기적으로 리서치합니다.

똑 부러지게 반응하는 UI

- 시간이 많이 걸리는 프로세스는 시작과 끝을 명확히 알려주는 로딩바를 보여줍니다.

- 어떤 실행이 끝나면 끝났다고 알려줍니다.

- 유저와 대화하고 있다는 상상을 하며 반응을 설계합니다.

반응이 없는 UI는 UI가 아닙니다.

반응은 틀림없이 정확해야 합니다.

중요한 반응은 모달창을 띄워서 반응합니다.

목적이 분명한 UI

- 중요한 것은 맨 위나 맨 아래에 배치합니다.

- 정확한 정보와 기능이 분명한 목적을 만듭니다.

- 목적이 분명한 UI는 처음 사용하는 유저도 능숙한 유저로 만듭니다.

UI의 목적이 분명해야 유저의 행동도 분명해집니다.

목적이 뚜렷하면 유저가 편해집니다.

한 박스에 한 가지 목적만 집중하게 하는 UI는 단순하지만 강력합니다.

한 박스 안에 목적 하나만 명확하게 표현합니다.

의도되지 않은 시선을 끄는 요소는 유저가 이 박스의 목적과 다른 행동을 하게 만듭니다.

심미적 디자인은 훌륭한 UI를 위한 도구

- 단순한 심미적 체험을 위한 UI는 유저에게 좋은 UI가 아닙니다.

- 웹 서비스는 비주얼 메이킹 능력을 뽐내기 위한 전시장이 아닙니다.

- 멋진 모션 자체가 UI의 목적이 될 수는 없습니다.

딱 필요한 만큼의 반응

● 유저의 선택에 대한 반응이 꼭 필요한지 다시 한번 생각해봅니다.

● 유저의 선택에 반응하는 UI는 필요하지만 너무 과하다면 유저는 부담을 느낄 수 있습니다.

● 반응이 유저에게 편리함을 주는지 혼란을 주는지 다시 한번 확인합니다.

안전 장치를 제공하는 UI

● 한 번의 잘못된 클릭으로 유저에게 금전 손해를 일으키는 위험한 버튼도 있습니다.

● 정확한 판단이 필요한 UI는 유저에게 두 번 세 번 확인하는 절차가 필요합니다.

● 중요한 UI일수록 더 단순하게 설계합니다.

타깃층을 고려하는 UI

● UI는 페르소나를 확정하고 설계합니다.

● 젊은 층이 선호하는 UI와 노령 층이 선호하는 UI는 다릅니다.

● 젊은 직장 여성과 중년 직장 남성이 선호하는 UI는 상당히 다릅니다.

아이들이 이용하는 웹 서비스는 특히 고급 수준의 설계가 필요합니다.

타깃층이 주로 선호하는 UI가 무엇인지 리서치하고 거기서부터 시작합니다.

불특정 다수도 배려하는 유니버셜 UI인지 확인합니다.

다양한 유저의 다양한 요구를 만족시킬 필요가 있습니다.

다양한 상황의 사용자에게 동일한 의미의 콘텐츠가 전달되어야 합니다.

피드백을 경청하는 태도

● 피드백을 요청하고 데이터를 수집하는 데 물리적인 시간을 투자합니다.

● 피드백을 받았으면 결과를 유저에게 되돌려줍니다.

● 피드백은 항상 적극적이고 겸손한 마음으로 받습니다.

피드백은 디자이너에게 정기적인 필수 업무입니다.

데이터 분석을 통한 UX/UI

● 유저의 UI 선호도, 입장, 관점은 신뢰할 수 있는 유저 데이터를 리서치해서 확보합니다.

● 유저 데이터 분석 자료는 디자이너의 경험보다 우선합니다.

● UI는 근거가 있어야 하며 근거는 유저 데이터 분석에서 추출합니다.

3-click-rule

● 유저가 목표에 도달하기 위한 플로우를 최대한 줄이기 위해 계속 연구합니다.

● 플로우가 많아지면 유저가 떠납니다.

● 플로우는 3단계 이하로 설계합니다.

모바일 온리

● 현대인은 PC 버전보다 모바일 버전을 더 많이 소비합니다.

● 모바일 버전을 먼저 디자인하고 PC 버전을 디자인합니다.

● 모바일 특성에 맞게 파일 용량을 최적화하여 과도한 트래픽을 방지합니다.

출구가 명확한 UI

● 뒤로가기 버튼은 언제나 크고 잘 보여야 합니다.

● 모달 혹은 팝업 창에서 닫기 버튼은 눈에 잘 띄게 표시합니다.

● 닫기 버튼이 없는 모달 창은 유저에게 치명적입니다.

닫기 버튼은 반드시 크게 잘 보이도록 그립니다.

05 / 디자인 & 코딩 레퍼런스 베스트

디자인 레퍼런스 베스트

오랜 기간 국내와 전 세계에서 사랑받고 있는 검증된 UX/UI 디자인 레퍼런스 사이트를 추천합니다. 사이트별 특징이 조금씩 다르니 각자의 목적에 맞게 선택해서 사용하기를 바랍니다.

01 Pinterest

이미지, 디자인, 예술 관련 소셜 네트워크 서비스 사이트입니다. 개인 라이브러리 생성이 가능합니다. 포트폴리오를 직관적으로 쉽게 배치하거나 정렬할 수 있습니다. 영감을 주는 양질의 이미지 자료가 많습니다. 데이터베이스 업데이트가 빠르고 활발하여 트렌드 분석에 매우 용이합니다. 관련 검색 서비스로 양질의 자료를 끊임없이 제공합니다.

▲ Pinterest의 홈페이지(www.pinterest.co.kr)

02 Behance

전 세계 디자이너와 예술가의 방대한 전시장입니다. 다양한 필터 옵션을 제공합니다. 개인 레퍼런스 라이브러리로 활용이 가능합니다. 세계 최대 규모의 디자인, 예술 관련 커뮤니티 사이트입니다. 작가와의 커뮤니케이션이 활발합니다. 작가와의 대화를 통해 보다 직접적인 영감을 받을 수도 있습니다. 또한 영감을 받기에 좋은 자료를 제공합니다. 비핸스에서 자체 필터링을 통해 작품의 퀄리티를 관리하지만 역량 미달의 습작도 다수 있으므로 주의가 필요합니다.

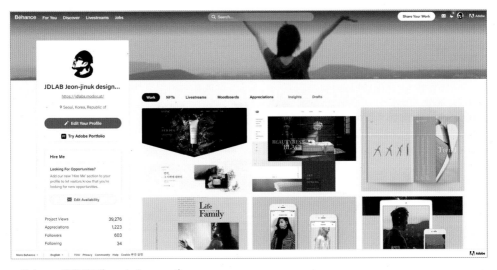

▲ Behance의 홈페이지(www.behance.net)

03 Good Web Design

국내 베스트 UX/UI 디자인 어워드 사이트입니다. 실제 서비스 중인 사이트를 대상으로 국내 베스트 UX/UI 디자인을 선정하여 수상도 진행합니다. 검증 절차를 통과한 사이트만 업로드 가능하므로 퀄리티가 보장됩니다. 웹 에이전시 정보도 제공합니다. 실제 한국에서 운영 중인 사이트이므로 현실적인 레퍼런스로 가장 좋은 사이트입니다.

▲ GWD(Good Web Design)의 홈페이지(www.gdweb.co.kr)

04 DB CUT

국내 UI 디자인 레퍼런스를 제공하는 사이트입니다. 국내 발표되는 중요한 웹사이트 위주로 업로드하므로 국내 트렌드 분석에 용이합니다. 디자이너가 자신의 사이트를 직접 업로드할 수도 있으며, 자체 심사를 거쳐야 하므로 일정 퀄리티가 유지됩니다. 디자이너 커뮤니티도 있습니다.

▲ DBCUT의 홈페이지(www.dbcut.com)

05 Awwwards

베스트 UX/UI 디자인 어워즈 사이트입니다. 세계 최고의 웹 디자인을 선정하고 수상하는 어워즈 사이트입니다. 실제 개발된 사이트가 전시됩니다. 실제 사용이 가능하므로 UX/UI 사용성 체험이 가능합니다. 다양한 검색 엔진을 제공합니다. 자체 검증 절차가 있으므로 신뢰도가 높습니다.

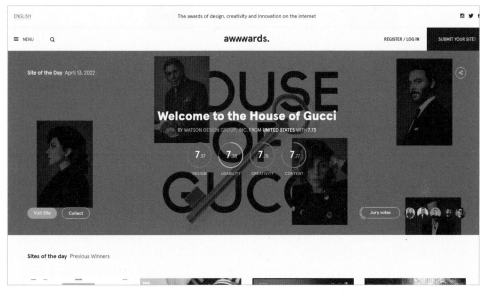

▲ Awwwards의 홈페이지(www.awwwards.com)

06 Mobbin

앱 디자인에 특화된 레퍼런스 사이트입니다. 실제 사용되는 앱의 거의 모든 페이지를 볼 수 있으므로 앱을 디자인할 때 필수로 참고해야 할 사이트입니다. 조건 검색 및 소팅 기능을 제공하며 최신 버전으로 지속적인 업데이트합니다. 자료를 내 라이브러리처럼 관리할 수 있습니다. 앱의 구조와 플로우를 확인할 수 있습니다. 150개 이상의 앱과 8,000개 이상의 패턴이 제공됩니다.

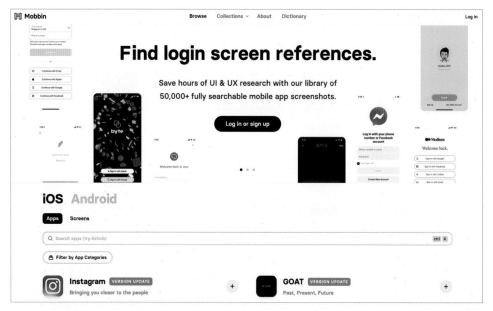

▲ Mobbin의 홈페이지(mobbin.com)

07 Dribbble

글로벌 디자인 레퍼런스 사이트입니다. 트렌디한 레퍼런스가 많습니다. 이 사이트를 활용하여 채용도 활성화되어 있습니다. 인터랙티브 레퍼런스가 많습니다. 자신만의 컬렉션 생성이 가능합니다.

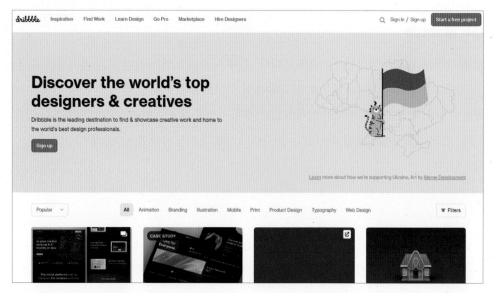

▲ Dribbble의 홈페이지(dribbble.com)

코딩 레퍼런스 베스트

코딩 공부에 도움이 될 만한 레퍼런스 사이트를 소개합니다. 여기서 소개하는 레퍼런스는 코딩을 하는 사람이라면 누구나 한 번 이상은 사용했을 사이트입니다. 여기 있는 사이트만 잘 활용해도 코딩 공부에 많은 도움이 될 것입니다.

01 bXSlider

슬라이더 라이브러리 사이트입니다. 매우 쉽게 이미지 슬라이더를 만들 수 있습니다. 복잡하지 않고 설명이 잘 정리되어 있어서 초보자가 플러그인을 익히기에 적합합니다. 가장 기본적인 형태를 제공하여 응용과 확장이 용이합니다. 유명한 플러그인이라서 사용 중 모르는 부분이 생겨도 다른 사용자에게 도움을 쉽게 받을 수 있습니다.

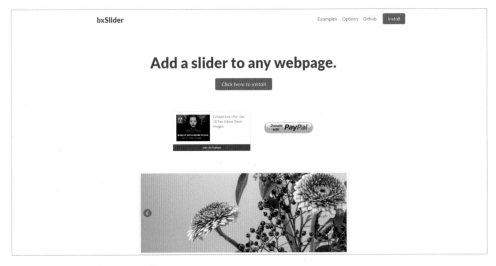

▲ bxSlider의 홈페이지(bxslider.com)

02 slick

반응형 웹을 지원하는 jQuery 슬라이더 라이브러리 사이트입니다. 대중적인 슬라이더 대부분이 정리되어 있습니다. 슬라이더 라이브러리 중 많이 사용하는 라이브러리 중 하나입니다. 매뉴얼 또한 자세히 정리되어 있습니다.

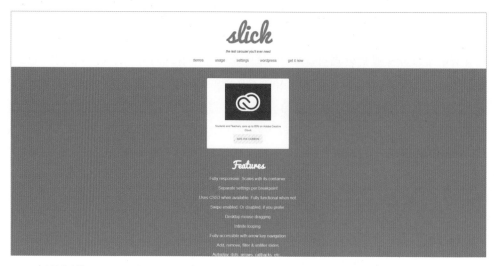

▲ slick의 홈페이지(kenwheeler.github.io/slick/)

03 jQuery UI

바로 적용 가능한 jQuery UI 코드를 제공하는 사이트입니다. 실제로 많이 사용되는 UI들이 대부분 정리되어 있습니다. 화려하지는 않지만 실용적인 UI로 가득합니다. 카테고리 또한 잘 정리되어 있어 바로 다운 받아서 수정하여 사용 가능합니다.

▲ jQuery UI의 홈페이지(jqueryui.com)

04 HtmlDrive

동적 UI 코드와 라이브러리를 제공하는 사이트입니다. UI 디자인의 동적 표현을 위한 Vanilla JS, jQuery, Plug-in, CSS3, Html5 등의 각종 라이브러리 코드를 제공하는 사이트입니다. 카테고리가 잘 정리되어 있습니다. 재미있는 동적 표현이 많으며 데모 버전으로 실제 구동 장면을 확인하고 다운받을 수 있습니다. 필요한 코드가 모두 하나의 디렉토리에 잘 정리되어 있어서 편리하게 사용 가능합니다. 동적 표현에 관심이 많은 UI 디자이너라면 재미있게 활용할 수 있습니다.

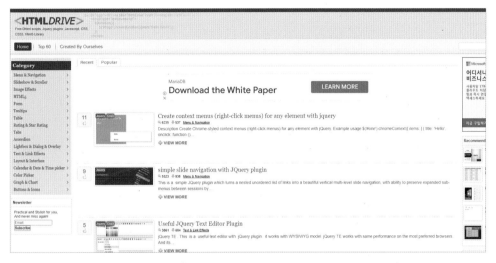

▲ HtmlDrive의 홈페이지(www.htmldrive.net)

05 Google Fonts

UI 디자인에 필요한 대부분의 폰트를 제공하는 사이트입니다. 개인이 다루기 어려운 폰트 저작권 문제에서 자유롭습니다. 대부분의 폰트가 무료입니다. 폰트 다운로드가 가능하고 CDN 연결도 가능합니다.

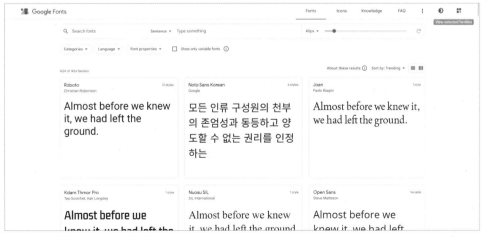

▲ Google Fonts 웹페이지(fonts.google.com)

06 Open tutorials

코딩 초보자부터 경력자가 다양한 언어를 공부할 수 있는 사이트입니다. 코딩을 공부하는 사람들을 위해 사회 공헌의 일환으로 운영되는 사이트입니다. 커리큘럼 또한 잘 구성되어 있으며, 동영상 강의도 제공하여 책과 함께 공부할 수 있습니다.

▲ Open tutorials의 홈페이지(www.opentutorials.org)

07 TCP school

코딩을 공부하기에 좋은 사이트이자 라이브러리입니다. 이 사이트는 코딩 초보자가 코딩을 공부하기에 가장 훌륭한 교재입니다. 커리큘럼이 쉽고 정확하고 현대적입니다. 직관적인 UI와 실습과 테스트가 가능한 환경을 제공합니다. 코드가 잘 생각나지 않을 때 검색하여 웬만한 코드는 바로 찾아서 쓸 수 있는 라이브러리입니다.

▲ TCP school의 홈페이지(tcpschool.com)

08 Code pen

온라인 웹 에디터 사이트입니다. 코딩 편집기가 없어도 브라우저에서 코딩이 가능합니다. 전 세계 수많은 회원이 훌륭한 디자인 코드를 공유합니다. 강력한 라이브러리 기능이 제공됩니다. 다른 사람의 코드를 나의 라이브러리로 쉽게 보관이 가능합니다.

▲ Code pen의 홈페이지(codepen.io)

09 Coverr

무료로 사용할 수 있는 사이트입니다. 높은 퀄리티의 영상과 트래픽에 무리 없는 용량의 동영상을 제공합니다. 복잡한 절차 없이 쉽게 다운로드할 수 있습니다. 콘셉트 키워드로 카테고리가 정리되어 있어 매우 유용합니다.

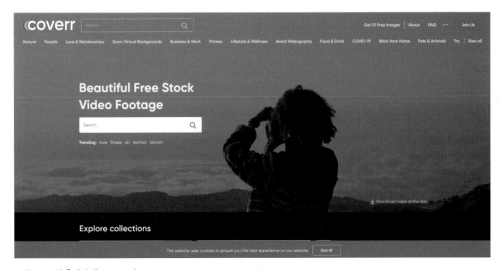

▲ Coverr의 홈페이지(coverr.co)

10 Html Color Codes

디자인에 사용할 컬러를 고르고 테스트할 수 있는 사이트입니다. 코딩에서 사용되는 컬러 코드를 쉽게 추출합니다. 또한 다양한 컬러 포맷을 지원합니다.

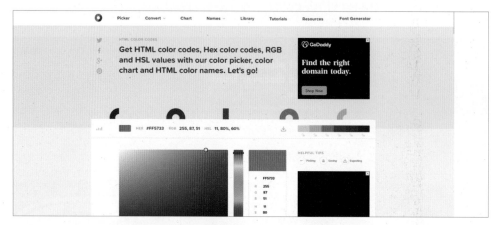

▲ Html Color Codes의 홈페이지(htmlcolorcodes.com)

11 한글입숨

무의미한 한글 텍스트를 생성해주는 사이트입니다. 영문 Lorem Ipsum 사이트의 한글판 사이트입니다. 한글 사이트 시안을 만들 때 매우 유용합니다.

▲ 한글입숨의 홈페이지(hangul.thefron.me)

12 Unsplash

퀄리티 높은 이미지를 무료로 제공하는 사이트입니다. 필자가 경험한 이미지 사이트 중 가장 높은 퀄리티의 이미지를 제공합니다. 이미지가 타 사이트에 비해 많지는 않지만 일정 수준

이상의 퀄리티를 보장합니다. 개인 라이브러리를 만들어서 이미지 파일을 관리할 수 있습니다. 피그마와 연결해서 사용 가능합니다.

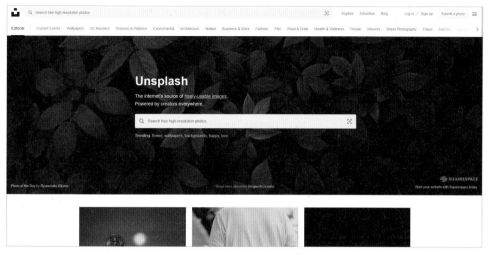

▲ Unsplash의 홈페이지(unsplash.com)

13 Cool Symbol

아주 간단한 아이콘이나 특수 문자를 생성해주는 사이트입니다. CDN 설치 없이 HTML에 붙여넣기 하는 것만으로 아이콘을 사용할 수 있습니다. 일반 특수 문자보다 훨씬 높은 퀄리티의 특수 문자를 제공합니다.

▲ Cool Symbol의 홈페이지(coolsymbol.com)

14 Lipsum

무의미한 영어 텍스트를 생성해주는 사이트입니다. 웹 사이트를 개발할 때 필요한 데이터가 준비되지 않았을 때 로렘입숨은 모든 것을 해결해줍니다. 디자인에 필요한 콘텐츠를 의미 없는 텍스트로 채울 수 있습니다. 네비게이션의 리스트 단어 등 다양한 종류의 텍스트도 생성 가능합니다.

▲ Lipsum의 홈페이지(lipsum.com)

15 Font awesome

벡터 파일의 폰트 아이콘을 제공하는 사이트입니다. 아이콘을 그리거나, 별도로 구매할 필요가 없습니다. 이미지 파일을 따로 저장할 필요도 없습니다. 폰트어썸은 이 모든 것들을 CDN 파일로 지원합니다. 우리가 자주 쓰는 웬만한 아이콘들은 이 사이트에서 제공받을 수 있습니다. 전 세계 많은 UI 디자이너들이 사용하는 활용도가 높은 사이트입니다.

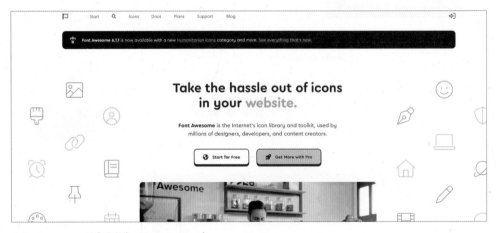

▲ Font awesome의 홈페이지(fontawesome.com)

16 W3 schools

프론트엔드 코딩에 필요한 대부분의 문법과 예제를 제공하는 사이트입니다. 코딩 초보자들이 공부하는 데 대단히 도움이 되는 사이트입니다. 직관적인 인터페이스를 제공하여, 문법을 학습할 수 있습니다. 또한 자세한 예제와 실습까지 가능합니다. 특정 기능을 구현할 때 필요한 코드가 잘 떠오르지 않을 때 해당 사이트는 훌륭한 솔루션이 됩니다. 영어로 되어 있지만 한글 번역 기능이 제공됩니다.

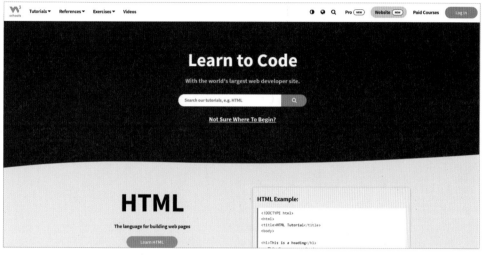

▲ W3 schools의 홈페이지(www.w3schools.com)

PART 03

일러스트레이터
포트폴리오 전략

PREVIEW

일러스트레이터가 되기 위해

이 책을 집필하면서 '나는 어떻게 일러스트레이터가 되었는가'를 먼저 생각하였습니다. 디자인 학과를 진학하거나 전공을 살리기 위해서가 아니라 바로 꿈을 이루기 위해서였습니다. 어릴 적부터 꿈이 화가였고, 단 한 번도 꿈이 바뀐 적은 없습니다. 꿈을 이루기 위한 과정은 그야말로 역경의 연속이었습니다. 부모님의 반대, 넉넉하지 않은 경제적 환경, 비수도권에서의 거주 등 많은 어려움이 있었습니다. 서울에 올라와 주경야독으로 하루 두세 시간만 자며 치열하게 공부해야 했습니다. 누구나 도전해서 안 될 일은 없습니다. 우리가 꿈을 못 이루는 이유는 꿈을 '포기'했기 때문입니다. 꿈은 이루기 전까지는 현실과 먼 꿈나라 이야기 같지만 이루고 나면 곧 현실이 됩니다. 당장의 현실만 보고 포기한다는 것은 굉장히 어리석은 일입니다. 자신이 하고 싶은 일이 있고 목표가 있다면 한 길만 꾸준히 걸어가기를 바랍니다. 그러다 보면 언젠가 내가 꾼 꿈을, 혹은 그보다 더 큰 꿈을 이룰 것입니다.

예술가의 정체성인 포트폴리오

포트폴리오는 자신의 정체성과 세계관을 보여주는 작품집이며 실력을 보여주는 결과물입니다. 포트폴리오는 그 사람이 얼마나 가능성이 있는지를 대변합니다. 포트폴리오를 준비하기에 앞서 어떤 포트폴리오를 만들 것인가, 작가로서 포트폴리오를 만들 것인가, 디자이너로서 포트폴리오를 만들 것인가 등을 고려하여 방향성을 분명히 정하는 것이 중요합니다. 이를 위해서는 '나는 누구인가'라는 질문에 대답할 수 있어야 합니다. 그러려면 먼저 자신의 정체성을 확립하는 것이 무엇보다 중요합니다. 내가 누구인지 알기 위해서는 자신이 좋아하거나 싫어하는 것, 성격의 장단점, 그리고 가장 행복하게 할 수 있는 일이 무엇인지 고민해야 합니다. 이러한 고민은 예술적 정체성이 확실한 포트폴리오를 만드는 데 도움을 줄 것입니다.

창조적이고 아이디어가 넘치는 포트폴리오

이 책은 포트폴리오 제작 방법과 제작에 도움이 될 아이디어, 그리고 활동의 방향성까지 담은 가이드 북입니다. 디자인과 미술을 전공하는 학생뿐만 아니라 일러스트레이터로 취업을 희망하거나 작가를 지망하는 분들에게도 유용한 아이디어를 소개합니다. 이번 PART에서는 포트폴리오 제작 과정을 세 CHAPTER로 나누어 구성했습니다.

CHAPTER 01에서는 내가 가고자 하는 회사 타깃을 정하고 기획합니다. 또한 포트폴리오에 자신의 정체성이 잘 드러나도록 표현 기법과 재료를 선택하는 노하우를 제공합니다. CHPATER 02, 03에서는 출판 일러스트, 광고 일러스트, 그림책 만들기 등 주제에 따른 다양한 표현법을 보여주기 위해 현직 디자이너와 일러스트레이터, 그림책 작가들의 작품을 소개함으로써 유용한 아이디어를 제공합니다.

창조적인 예술가

가장 행복한 사람은 꿈이 있는 사람입니다. 저 역시도 세계적인 그림책 작가라는 새로운 꿈을 꾸고 있습니다. 이탈리아 볼로냐 아동 도서전이 그 시작점이었습니다. 2013년에 창작 그림책 ≪레오의 특별한 꿈≫ 출간을 계기로 도서전에 꾸준히 참관했습니다. 끊임없이 나의 한계를 시험하고 넘어서기 위해 도전하고 있습니다. 이 책을 읽는 독자들도 창조적인 예술가가 되면 좋겠습니다. 그러기 위해서는 좋은 작품을 많이 찾아보고 많이 그려보는 것이 중요합니다. 매일 드로잉하기, 일기 및 작업 노트 쓰기, 각종 책과 전문 서적 읽기 등을 실천해야 합니다. 자신만의 꿈을 이루는 멋진 디자이너, 일러스트레이터가 꼭 되길 바랍니다.

CHAPTER 01

포트폴리오 준비하기

포트폴리오는 그동안 어떤 작업을 해왔고,
얼마큼의 가능성이 있는지를 보여주는 것입니다.
자신의 강점을 잘 드러내고 창의적인 작업을 보여주기 위해서는
타깃을 분명히 정해 기획하고,
기법과 재료를 구체적으로 이해하여
포트폴리오를 만들어야 합니다.

01 / 타깃 정하기

대학을 졸업하고 바로 일러스트레이터로 커리어를 시작하는 경우도 있지만, 출판사나 디자인 회사에서 일을 시작하다 일러스트레이터로 전업하는 경우도 있습니다. 어느 경우이든 일러스트레이터로 활동하기 전에 자신에게 맞는 분야를 선택하는 것이 중요합니다. 일러스트레이션 분야로는 출판, 광고, 에디토리얼 등이 있습니다.

출판 일러스트레이션

출판 일러스트레이션은 일반적으로 책의 표지 및 본문에 들어가는 그림 등을 모두 일컫습니다. 여러 종류의 일러스트레이션 중 작가의 상상력과 아이디어를 가장 많이 발휘할 수 있는 분야입니다. 많은 일러스트레이터가 이 분야에서 활동하고 있으며, 자율성과 창작성을 높일 수 있다는 점에서 일러스트레이션의 특성에 가장 부합하는 분야입니다. 일러스트레이터로서 처음 커리어를 시작한다면 주목하고 관심을 가져볼 만한 분야입니다.

▲ ≪김샘 수학≫ 학습지 일러스트_ 정소현   ≪어디 있을까?≫ 유아 그림책 일러스트_ 정소현

출판 분야는 범위 또한 매우 넓은 편입니다. 그중 유아 및 아동 서적은 일반 서적에 비해 일러스트레이션이 차지하는 비중이 훨씬 큽니다. 주 독자층이 텍스트보다는 시각적인 요소에 관심을 갖기 때문입니다. 교재 학습지와 만화도 일러스트레이션이 자주 사용되므로 눈여겨볼 분야입니다. 딱딱한 글 위주였던 경제경영 서적도 최근 독자들이 이해하기 쉽도록 일러스트레이션을 사용하는 빈도가 높아지는 추세입니다.

클라이언트

출판 분야의 클라이언트는 그 규모에 따라 다릅니다. 규모가 큰 출판사는 작업 비용이 많이 책정되어 있지만, 작은 출판사의 경우 최소한의 비용만 책정되어 있기 때문입니다. 출판 분야의 클라이언트를 알기 위해서는 대형 서점 등에 진열되어 있는 책을 살펴봅니다. 직접 보면 어떤 책에 얼마큼의 일러스트레이션이 사용되었는지 알 수 있습니다. 일러스트레이션을 많이 사용하는 출판사를 선택하거나 자신의 스타일과 비슷한 출판사를 선택합니다.

일러스트레이션은 책 판매에 있어 중요한 역할을 하기 때문에 출판사 입장에서는 독자들의 눈에 띄는 일러스트레이션을 선호합니다. 또한 책에서 일러스트레이션의 비중이 확대되고, 일러스트레이터의 활동도 왕성해지면서 이를 찾는 클라이언트도 많아졌습니다.

스타일

출판사가 어떤 스타일의 일러스트레이션을 선호하는지 파악하는 것도 중요합니다. 예전에는 아기자기하고 귀여운 스타일의 그림을 좋아하는 독자가 많아서 그러한 스타일의 일러스트레이터가 인기도 높았습니다. 하지만 요즘은 아이디어와 상상력이 풍부한 그림을 좋아하는 추세입니다. 즉, 개성이 강한 그림들을 찾는 경우도 많아졌습니다. 따라서 자기만의 개성이 돋보이고 신선한 아이디어가 반영된 일러스트레이션에도 주목해야 합니다. 물론 출판사마다 추구하는 스타일이나 취향이 다르기 때문에 이를 잘 고려해야 합니다. 출판사가 회화적인 분위기를 좋아하는지, 강한 개성을 좋아하는지, 기술적 섬세함을 좋아하는지 등을 충분히 조사하고 지원해야 합니다.

출판사 소속 vs 프리랜서

출판사에 소속된 일러스트레이터와 자유로운 프리랜서 일러스트레이터가 있습니다. 각각의 장단점을 확인한 후 자신에게 적합한 쪽을 선택하길 바랍니다.

출판사 소속 일러스트레이터의 장단점

출판사에 소속되면 직장인처럼 정해진 월급이 들어오기 때문에 안정적으로 생활할 수 있습니다. 프리랜서 일러스트레이터의 경우 실력 있는 소수만 직장인보다 좀 더 나은 생활을 유지할 수 있습니다. 이를 감안하면, 생계에 대한 고민 없이 일할 수 있다는 것이 가장 큰 장점입니다. 반면 자율적인 시간은 부족합니다. 조직에 소속되어 있으므로 지시하는 업무를 처리해야 합니다. 그러다 보니 개인 작품 활동을 하기란 사실상 어렵습니다. 일러스트레이터라는 직업의 가장 큰 특징이 창의성과 개성임을 감안하면 자신의 개성을 제대로 살리기 어렵다는 점이 가장 큰 단점입니다.

프리랜서 일러스트레이터의 장단점

일러스트레이터라는 직업의 가장 큰 특성인 창의성과 개성을 가장 잘 살릴 수 있는 환경에서 일할 수 있습니다. 시간을 자유롭게 조절할 수 있고, 상사의 눈치를 볼 일도 없으므로 좀 더 완성도 있는 작품 활동에 집중할 수 있습니다. 또한 자신의 노력에 따라 더 많은 수입을 올릴 수 있다는 점도 매력적입니다. 반면 이런 상황이 단점이 되기도 합니다. 고정적인 수입이 없기 때문에 안정적인 생활에 어려움이 있을 수 있습니다. 이러한 경제적 어려움으로 인해 심리적 불안감을 겪을 수도 있습니다. 그러므로 마인드 컨트롤을 잘해야 합니다. 또한 프리랜서는 사업자이므로 혼자 모든 일을 처리해야 하는 어려움도 있습니다.

▲ 프리랜서일 때(좌)와 출판사 소속일 때(우)의 일러스트_ 뽀안(김은혜)

광고 회사 일러스트레이션

광고 회사 일러스트레이션은 소비자를 대상으로 상품 혹은 서비스를 판매하기 위해 사용하는 그림입니다. 우리 주위에서 볼 수 있는 신문 광고, 브로셔, 포스터 등이 해당됩니다. 제품의 특징과 장점을 부각하여 홍보 효과를 극대화하기 위해 제작합니다. 일러스트레이터 중에는 이러한 광고 일러스트레이션만 전문적으로 하는 이들이 있으며, 상당수는 출판에서 경험을 쌓아 이 분야로 진출합니다.

광고 분야

광고 일러스트레이션은 제품, 브로셔, 스토리 보드, 영화나 연극 포스터 등으로 나눌 수 있습니다. 홍보물이나 우표, 카드, 정부 발행 인쇄물, 캘린더 등도 상업성은 낮지만 넓은 의미에서 광고 일러스트레이션으로 볼 수 있습니다. 하지만 대개 광고 일러스트레이션은 수익을 창출하기 위하여 상업적 목적으로 제작된 광고가 더 큰 비중을 차지합니다.

클라이언트

관련 클라이언트를 알아보기 위해서는 광고 분야의 잡지나 브로셔를 찾아봅니다. 잡지에는 회사 이름은 물론이고 어떤 일러스트레이션을 선호하는지를 확인할 수 있습니다. 매년 출간되는 공모전 작품집 등을 꼼꼼하게 살펴보는 것도 좋은 방법입니다. 특히 클라이언트를 통해 광고 의뢰가 들어오면 일러스트레이터는 상황에 따라 아이디어만 스케치할 수도 있고, 완벽하게 그린 이미지 샘플을 보여줄 수도 있습니다. 만약 여러분의 포트폴리오가 클라이언트와의 프레젠테이션에서 합격점을 받으면 추후 진행은 광고 에이전시와 협의하게 될 것입니다.

특징

광고 일러스트레이션은 상업성과 작품성을 동시에 추구해야 합니다. 광고 일러스트레이션의 특성상 제품 판매를 극대화할 수 있는 상업적인 면을 무시할 수 없습니다. 그렇다고 지나치게 상업적인 면에 치중하면 광고의 품질이 떨어져 보일 수 있으므로 작품성도 고려해야 합니다. 광고 일러스트레이션은 최신 트렌드를 반영하기 때문에 작업 환경의 변화가 빠릅니다. 그러므로 이 분야에서 본격적으로 일하고 싶다면 평소 사회 문제나 시사, 유행 등에 대해 관심을 가져야 유리합니다.

스타일

광고 일러스트레이션 스타일은 클라이언트인 광고주에 따라 결정됩니다. 광고주 입장에서는 막대한 비용을 들여 광고를 제작하기 때문입니다. 따라서 광고 효과를 극대화할 수 있는 방향에 초점을 맞추어야 합니다. 가격도 출판보다 몇 배는 높기 때문에 일러스트레이터 입장에서는 더 많은 신경을 기울여야 하고, 해당 상품의 특징을 집중적으로 분석하고 연구해야 합니다. 그런 다음 대중에게 어필할 수 있는 상품의 가장 큰 장점들을 일러스트레이션으로 표현하여 소비자들의 시선을 사로잡아야 합니다. 상황이 허용된다면 광고주의 취향을 고려하면서 자신만의 독특한 아이디어가 담긴 일러스트레이션을 제안할 수도 있습니다.

▲ 〈젠틀레인〉 공연 포스터 _ 혜란

에디토리얼 일러스트레이션

에디토리얼 일러스트레이션은 신문이나 잡지에 실리는 그림입니다. 전국에서 발행되는 신문과 잡지의 종류가 많으므로 일러스트레이터가 가장 쉽게 접할 수 있는 분야이기도 합니다.

분야 및 특징

에디토리얼 분야는 신문, 잡지 등 수많은 정기 간행물을 포함합니다. 신문의 경우는 대개 일간지와 주간지로 나뉘며, 정치, 경제, 사회, 문화, 스포츠 등 모든 분야를 게재해 독자들에게 정보를 전달하는 것이 가장 큰 목적입니다. 신문은 정기적으로 발행되고 공공성을 갖는 대중 매체라는 특징이 있습니다. 반면 잡지는 전문 분야를 한정적으로 다루며 해당 분야에 관심 있는 이들에게 관련 소식을 알려주는 정보 전달 매체의 성격이 강합니다.

클라이언트

에디토리얼 분야의 클라이언트를 파악하기 위해서 가판대와 서점에서 판매하는 출간물을 조사합니다. 우선 가판대에서 판매하는 신문에 게재된 기사를 보면 일러스트레이션이 자주 사용되는 지면을 볼 수 있습니다. 특히 문화 관련 소식이 상대적으로 많은 주말 신문의 경우 좀 더 다양한 일러스트레이션을 확인할 수 있습니다. 보통 신문보다는 잡지에서 더 많은 일러스트레이션을 접할 수 있습니다. 신문은 글자 위주로 구성되고 뉴스를 전달하는 기능이 우선이기 때문에 일러스트레이션이 적은 반면, 잡지는 정보 뿐만 아니라 시각 요소도 전달하기 때문에 일러스트레이션의 비중이 큽니다.

스타일

신문과 잡지의 일러스트레이션 스타일은 유사하나 차이점이 있습니다. 신문이나 잡지 모두 해당 기사에 맞는 일러스트레이션을 배정합니다. 신문의 경우 풍자적인 요소가 일러스트레이션에 가미되는 반면, 잡지는 좀 더 창의적이고 상상력이 풍부한 실험적 요소를 일러스트레이션에 사용할 수 있습니다. 또한 잡지는 특정한 독자층에 기반하므로 신문의 대중 독자와는 차별화되며, 상세한 정보를 신기에 적합합니다. 요즘 잡지는 인쇄 기술 등의 발전으로 높은 퀄리티의 일러스트레이션을 제공합니다.

▲ 〈현대 모비스〉 잡지 일러스트 _ 이끼(김성주)

▲ 〈농심〉 사보 일러스트 _ 이끼(김성주)

02 / 기획하기

포트폴리오는 일러스트레이터로서 자신을 표현할 수 있는 가장 중요한 수단이자 작품집입니다. 그러므로 포트폴리오를 만드는 기획 단계에서부터 철저하게 계획을 세워야 합니다. 체계적으로 자시만의 세계관을 구축하고 상상력과 아이디어를 동원하여 자신의 색깔을 드러낼 수 있는 포트폴리오를 기획해야 합니다. 좋은 기획은 콘셉트를 분명히 잡고, 좋은 작품을 골라 적합한 레이아웃과 구성을 고려하는 것입니다. 기획이 잘된 포트폴리오는 클라이언트의 눈길을 사로잡아 지속적으로 일할 수 있는 기회를 제공합니다.

구상 : 어떤 분야의 포트폴리오를 만들 것인가

출판, 광고, 디자인 등 여러 분야 중 한 가지를 선택해야 전문성이 있어 보입니다. 자신이 정한 분야의 전문 서적이나 잡지, 출판물을 연구해야 합니다. 또한 다른 작가들의 그림을 자신의 그림과 비교하면서 경쟁력 있는 아이디어를 내야 합니다. 포트폴리오를 구상할 때는 어떤 작품을 포함시킬지 고민해야 하며, 사용할 작품이 충분하지 않다면 다른 분야의 작품이라도 추가합니다. 무엇보다 자신의 대표 작품을 잘 부각해야 합니다. 일러스트레이터로서 자신의 정체성이 될 수 있는 강점을 어떻게 하면 잘 살릴 수 있을지 고민해야 합니다.

콘셉트 : 어떻게 표현할 것인가

포트폴리오에 대한 개략적인 구상이 끝났다면 구체적으로 아이디어를 가시화합니다. 콘셉트는 작업의 성격과 방향을 명확하게 하는 제작 의도입니다. 자신이 전달하고자 하는 목적을 확실히 했으면, 그 목적을 어떻게 표현할 것인가를 결정합니다. 콘셉트를 잘 잡는 것은 건물의 뼈대를 튼튼히 하는 것과 같습니다. 추구하는 세계와 이미지를 체계화하여 콘셉트로 만들어야 합니다. 또한 경쟁력을 높이기 위해 남다른 콘셉트를 정해야 합니다. 아이디어, 개성, 형식, 크기, 모양, 서체 등을 어떻게 사용해야 남다른 콘셉트를 잡을 수 있을지 자세히 알아보겠습니다.

아이디어

무엇인가에 대한 아이디어를 갑자기 도출하려고 하면 떠오르지 않습니다. 다양하고 체계적인 발상을 통해 아이디어를 도출해야 합니다. 우선은 키워드를 뽑고 스토리 전개와 구성, 레이아웃을 고려하며 결과물을 완성해 나가야 합니다. 포트폴리오를 만들 때도 마찬가지입니다. 우선은 카테고리를 정하고 표지, 카피, 내지 구성, 레이아웃 등 전체적인 요소를 고려하여 아이디어를 구상합니다.

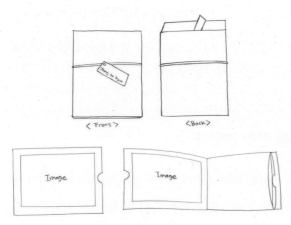

▲ 포트폴리오 케이스 아이디어 스케치_정소현

개성

포트폴리오의 형태와 크기, 기법, 재료의 특성 등을 활용하여 개성을 보여줄 수 있습니다. 차별화된 개성은 클라이언트의 마음을 사로잡습니다. 이것은 곧 작품을 파는 좋은 기회가 되기도 합니다.

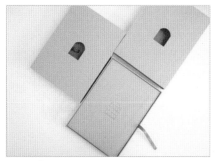

▲ 다양한 형태와 크기로 개성을 표현한 포트폴리오 _ 북홀릭혜원(blog.naver.com/wonizoa)

형식

다양하고 독특한 형식의 포트폴리오가 많습니다. 지원하려는 분야에 적합한 형식을 선택합니다. 흔히들 편리하면서도 부담 없는 링 바인더를 이용하는데, 개성과 독특함보다 편리함에 초점을 맞춘 형식입니다. 자칫 부담스러운 형식을 취해서 중요한 작품보다 형식만 클라이언트의 기억에 남는다면 얻는 것보다 잃는 것이 많을 수 있습니다. 형식은 단순화하고 작품만 강조할 것인가, 형식에도 자신의 개성을 표현할 것인가는 어떤 콘셉트로 포트폴리오를 만들 것인가와 직결된 문제입니다.

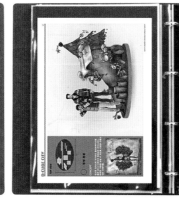

▲ 깔끔한 링 바인더 형식의 포트폴리오_정소현

크기와 모양

분야를 결정해야 포트폴리오의 크기와 포맷을 결정할 수 있습니다. 작품의 크기는 A3를 기준으로 합니다. 순수 예술이나 사이즈가 큰 그림을 보여줘야 하는 경우를 제외하고는 이를 넘지 않는 것이 좋습니다. 너무 작으면 내용이 눈에 잘 들어오지 않는 단점이 있으며, 너무 크면 포트폴리오를 펼치고 확인할 공간이 필요하기 때문에 상황과 장소에 제약이 따를 수 있습니다. 그러므로 크기 선정은 신중해야 합니다. 표준 크기 안에서 튼튼하고 편리하며 개성 있는 포트폴리오를 만들어야 합니다.

서체

간단하면서도 눈에 잘 띄는 서체를 사용해서 텍스트의 가독성을 높여야 합니다. 서체는 그림 스타일과 조화를 이루는 것이 중요합니다. 서체가 그림보다 두드러지면 안 됩니다. 크기는 10포인트 내외로 필기체보다는 정체를 추천합니다. 개성을 강조한다고 가독성이 떨어지는 서체를 선택하지 않습니다. 색은 파스텔, 검정 등 너무 밝거나 어두운 색은 피하는 것이 좋습니다. 마지막으로 텍스트의 서체가 적용된 맞춤법은 필수로 확인해야 합니다.

▲ 그림과 폰트가 적절한 사례(좌), 가독성이 떨어지는 사례(우)_ 정소현

구성 : 어떤 작품을 어떻게 표현할 것인가

포트폴리오 구성은 표지와 내지 그리고 작품의 수를 정하는 것입니다. 자신의 전문 분야 위주로 작품을 구성합니다. 다른 분야의 작품을 넣고 싶다면 클라이언트의 시선을 끌 만한 완성도 높은 작품만 선별하여 최소한으로 넣는 것이 좋습니다. 하지만 주객이 전도되어 해당 분야가 주를 이루지 않도록 주의해야 합니다. 원하는 분야와 잘하는 분야를 나눠서 목적에 맞게 구성합니다.

작품 선정하기

작품 수는 15점 미만으로 선정합니다. 개인적인 작품이나 스케치 단계의 그림은 넣지 않습니다. 마찬가지로 습작, 모작도 넣지 않습니다. 포트폴리오의 전체적인 완성도를 떨어뜨리기 때문입니다. 스스로 생각했을 때 최고의 작품만을 선택합니다. 그래야 클라이언트를 설득할 수 있고 실제 일과 연결될 가능성이 높아집니다.

작품 구성하기

사람의 첫인상이 중요하듯 작품의 첫인상도 중요합니다. 어떤 그림을 첫 장에 배치할지 미리 계획해야 합니다. 가장 자신 있는 그림을 첫 장과 마지막 장에 배치하고, 나머지는 강점이 잘 드러나는 순서대로 배치합니다. 회사 면접이나 클라이언트 미팅 시 포트폴리오의 표지를 열어 두고 대화를 하는 경우가 많습니다. 그러므로 첫 장일수록 특별히 신경을 써서 강한 인상을 주어야 합니다. 대화가 끝날 때는 반대로 맨 마지막 페이지가 보여질 가능성이 많습니다. 그러므로 마지막에 배치되는 작품도 중요합니다. 한눈에 반할 만한 그림이라면 클라이언트는 오랫동안 여러분의 포트폴리오를 잊지 못할 것입니다.

페이지/카테고리 구성하기

분야별로 작품을 묶어 페이지와 카테고리를 구성하면 완성도 높은 포트폴리오를 만들 수 있습니다. 지나치게 복잡한 카테고리를 만들지 않도록 주의합니다. 의욕이 넘쳐 다양한 카테고리를 구성하면 자칫 조잡하고 산만한 포트폴리오가 될 수 있습니다. 지나침은 모자람만 못하다는 말처럼 절제가 필요합니다. 심플하면서도 통일감이 있는 포트폴리오가 되도록 구성해야 합니다. 개인 앨범이나 다이어리가 아닌 작품집이라는 사실을 잊어서는 안 됩니다.

프린트 vs 디지털 포트폴리오

종이로 만든 포트폴리오나 원화 포트폴리오는 클라이언트가 직접 손으로 만지고 확인할 수 있습니다. 그러므로 종이의 종류와 인쇄 상태가 중요합니다. 이러한 포트폴리오는 여러분의 경쟁력을 향상시키는 요인이 됩니다. 반면 디지털 포트폴리오는 PDF, 파워포인트 등 각종 프로그램을 이용해 만들어 웹에 업로드할 수 있습니다. 언제 어디서나 손쉽게 볼 수 있고 새로운 작품도 간단하게 업데이트할 수 있다는 장점이 있습니다. 최근에는 두 가지 형식을 함께 사용하는 추세입니다. 아트 디렉터나 편집자를 직접 만날 수 없는 경우 디지털 포트폴리오를 요구하는 경우가 종종 발생하기 때문입니다. 일을 구할 때는 항상 준비된 상태여야 합니다. 요청을 받고 나서 준비하기보다 두 가지를 모두 준비하는 것이 더 많은 기회를 얻을 수 있습니다.

▲ 프린트 포트폴리오_ 정소현

▲ 디지털 포트폴리오_ 박소현   ▲ 디지털 포트폴리오 PDF_ 박나영

레이아웃 : 어떻게 배치할 것인가

레이아웃은 텍스트 상자, 그림 상자, 선등을 효과적으로 페이지에 배치하고 구성하는 것을 말합니다. 타이포그래피를 헤드라인, 서브헤드, 본문의 어떤 위치에 배열할지도 고민해야 합니다. 논리적인 흐름과 구성을 갖고, 처음부터 끝까지 통일성 있는 체계를 만들어 전체적

인 조화를 이뤄야 합니다.

좋은 레이아웃

포트폴리오 레이아웃은 분야와 목적에 따라 다릅니다. 시각적 요소를 효과적으로 전달하기 위해서는 연속성과 조화가 필요합니다. 또한 서체와 글자 크기의 통일성도 중요합니다. 페이지마다 서체와 글자 크기가 제각각이면 가독성이 떨어지고 산만한 포트폴리오로 보일 수 있습니다. 좋은 레이아웃의 몇 가지 기준은 아래와 같습니다.

첫째, 단순명료하고, 텍스트의 간결함을 유지합니다.

둘째, 한 장면에 너무 많은 요소를 넣지 않고, 여백의 미를 살립니다.

셋째, 분야별, 기법별로 묶고 재료에 따라 분류합니다.

넷째, 자신의 전문 분야를 세부적으로 보여줍니다.

위와 같은 기준에 따라 레이아웃을 구성하면 클라이언트나 아트 디렉터에게 좋은 인상을 남길 수 있고, 일을 의뢰받는 데 결정적인 요인이 될 수 있습니다.

작품 위치

작품의 크기와 위치에 따라 포트폴리오의 퀄리티가 달라집니다. 작품은 너무 위로 혹은 한쪽에 치우치지 않고 중앙보다는 약간 아래에 배치합니다. 어느 한 방향으로 작품이 쏠리면 불안정해 보일 수 있기 때문입니다. 텍스트와 함께 배치할 경우 그림은 왼쪽, 텍스트는 오른쪽에 배치하는 것이 가독성에 좋습니다. 다른 페이지 레이아웃도 마찬가지입니다. 시선의 흐름을 고려해서 들쭉날쭉하지 않게, 가독성을 고려하면서 배치해야 합니다.

중요한 작품 강조하기

첫인상이 좋은 사람이 오랫동안 기억에 남는 것처럼, 첫 번째 그림은 오랫동안 클라이언트의 기억에 남습니다. 앞부분에 들어가는 그림은 공모전에 당선되었거나 출판된 그림을 넣는 것이 좋습니다. 그런 다음 비슷한 영역의 그림을 배치하여 통일성을 유지합니다. 두 번째로 중요한 작품은 마지막에 배치할 그림입니다. 마지막에 받는 느낌 또한 오랫동안 기억에 남으므로 클라이언트에게 일을 의뢰 받을 가능성을 끌어올릴 수 있는 요소입니다.

03

기법과 재료에 대한 선택

불과 10여 년 전만 해도 일러스트레이션의 사조는 사실주의였습니다. 또한 제한이 많아 오늘날처럼 표현 가능한 영역이 다양하지는 못했습니다. 하지만 현재 많은 일러스트레이터들은 다양한 기법과 재료로 더욱 다채로운 그림을 그립니다. 사실주의뿐만 아니라 초현실주의, 추상주의까지 그 폭이 매우 다양해졌습니다. 클라이언트들은 아기자기하고 귀여운 일러스트레이션뿐 아니라 풍성한 아이디어와 개성 넘치는 그림을 요구하기 시작했습니다. 성공을 원하는 일러스트레이터라면 다양한 분야와 장르에서 필요로 하는 여러 가지 기법과 표현 방식을 활용할 수 있어야 합니다.

지금부터 소개하는 매체와 기법은 일러스트레이터들이 사용하는 다양한 기법 중 일부입니다. 여러 기법을 익힐수록 보다 개성 있고 다양하게 표현할 수 있습니다. 여기서 소개할 기법에는 컴퓨터 그래픽을 이용한 일러스트레이션은 제외했습니다. 컴퓨터 그래픽을 이용한 기법 중에도 다양한 표현 방법이 있으나 이를 선호하지 않는 사람도 있습니다. 하지만 개인의 취향 또는 매체의 특성일 뿐 디지털 그림이라고 해서 질적으로 떨어지는 것은 아닙니다. 자신에게 맞는 기법과 재료를 선택해서 경쟁력 있는 일러스트레이터가 되길 바랍니다.

연필

연필은 주로 작품의 스케치부터 완성하기까지 그림을 그리는 기본 도구로 사용했습니다. 현재에는 완성도 높은 일러스트레이션 작품을 만드는 데 필수적으로 사용하기도 합니다. 크게는 하드 펜슬과 소프트 펜슬로 나뉩니다. 가장 딱딱한 것부터 가장 부드러운 것까지 강도로 구분되어 있으므로 용도에 따라 선택해서 사용합니다. 그림을 그릴 때는 딱딱한 연필보다는 부드러운 B, 2B, 4B 등을 사용하는 것이 좋습니다. 부드러운 연필일수록 다양한 톤을 표현하는 데 용이하며, 검은색 하나로도 명암을 충분하게 표현할 수 있습니다.

▲ 다양한 강도의 연필

종이

흰 종이나 색지 등 어느 종이를 사용해도 무방합니다. 매끄러운 종이와 질감이 두드러지는 종이를 선택해서 사용할 수 있습니다. 매끄러운 종이에는 부드러운 연필이 용이하며, 질감이 강한 종이일수록 딱딱한 연필을 사용하는 것이 좋습니다. 종이의 질감에 따라 연필의 진하기와 두께에서 차이가 나기 때문입니다.

지우개

연필을 이용할 때는 지우개 가루가 많지 않은 지우개를 선택해서 사용합니다.

고착제

연필과 같은 건식 재료는 반드시 고착제를 뿌려 마무리합니다. 그렇지 않으면 쉽게 번지거나 뭉개져서 지저분해질 수 있습니다.

기법

선을 이용하여 면을 채워 가는 방식으로 문지르거나, 명암과 빗금을 이용하여 다양한 표현을 할 수 있습니다. 연필의 건식 특성상 물이나 손바닥 자국을 조심해야 합니다. 손이 닿는 부분은 깨끗한 종이를 깔고 작업하는 것이 좋습니다. 부드럽고 섬세한 그림을 원한다면 질감이 없는 종이를 사용하고, 거칠고 과감한 기법을 원한다면 질감이 있는 종이를 선택합니다.

그림책 《수연》의 표지 디자인 _ 소윤경

작은 연필 자국이나 지우개 자국조차 찾기 힘들 정도의 섬세함이 두드러지는 표지로, 작가의 무한한 상상력과 아이디어를 볼 수 있습니다.

색연필

색연필은 누구나 손쉽게 구할 수 있고 사용할 수 있는 재료입니다. 단순한 기초 작업부터 세밀한 예술 작품까지 그릴 수 있습니다. 강도를 조절하여 명암을 낼 수 있으며, 수채화와 달리 겹쳐서 칠할 수도 있습니다. 또 수채화처럼 투명하게 표현할 수도 있지만 단단하고 강하기 때문에 넓은 면적을 작업하기는 어렵습니다. 물감처럼 짜서 쓰는 불편함이 없어 휴대하면서 사용할 수 있는 장점도 있습니다. 단순한 선을 이용하여 하나의 멋진 그림으로도 표현할 수 있어 많은 일러스트레이터들이 색연필을 즐겨 쓰고 있습니다.

종이

매끄러운 종이부터 거친 종이까지 다양합니다. 부드러운 느낌을 표현할 때는 부드럽고 매끈한 종이를 사용하는 것이 좋고, 거친 느낌을 원할 때는 질감이 있는 종이가 좋습니다. 종이에 따라 텍스처가 달라질 수 있으므로 종이의 선택이 중요합니다. 사용할 종이의 색상 또한 다양하게 사용할 수 있습니다.

🏆 성공을 부르는 핵심 **TIP** **수채 색연필 vs 유성 색연필**

색연필은 수채 색연필과 유성 색연필로 크게 두 가지 종류가 있습니다. 수채 색연필은 채색 후 물을 사용하여 수채화 같은 이미지 연출이 가능하고, 유성 색연필은 물을 사용하여도 번지지 않는 특성이 있습니다. 수채 색연필은 색연필 심을 물에 잠깐 담근 후 작은 점이나 옷의 단추 또는 눈동자의 눈망울 등과 같은 세심한 작업에 유용하게 활용할 수 있습니다.

≪**그리미의 하얀 캔버스**≫ _ 이현주

겨울이라는 차가운 상황임에도 색연필의 부드러운 질감을 활용하여 따뜻한 분위기를 자아내고 있습니다.

수채 물감

수채 물감은 이용하기 편하면서도 다양한 효과를 낼 수 있어 일러스트레이터들이 즐겨 사용하는 재료입니다. 수채 물감을 이용한 수채화는 물을 사용하여 투명한 느낌을 잘 표현할 수 있다는 장점이 있습니다. 여러 색을 혼합하여 불투명한 효과를 주로 표현한다면 수채 물감보다 아크릴 물감이나 과슈를 사용하는 것이 좋습니다. 흰색과 섞는 것을 자제하고 물로 색의 농도를 조절합니다. 수채 물감은 밝은 부분에서 어두운 부분으로 칠하는 반면, 유화나 아크릴은 어두운 부분에서 밝은 부분으로 칠합니다.

종이

수채 물감을 사용할 종이의 종류는 다양하지만 두께와 질감에 따라 핫 프레스, 콜드 프레스, 러프로 구분할 수 있습니다. 핫 프레스(Hot-Pressed, 세목, 가열 압축)는 표면의 질감이 매끄럽고 부드럽습니다. 물의 흡수력이 좋아 마르는 속도가 굉장히 빠른 편입니다. 사실적인 묘사에 많이 사용합니다. 콜드 프레스(Cold-Pressed, 중목, 냉 압축)는 기계로 가볍게 눌러 질감이 약간 거칩니다. 널리 사용되는 종류로 핫 프레스와 러프의 중간 정도의 직감입니다. 러프(Rough, 황목)는 기계로 누르지 않고 자연 건조하여 표면의 질감이 거칠고 울퉁불퉁합니다.

기법

주로 흰 종이에 물을 이용해 투명도를 조절하여 그립니다. 수채화의 투명한 특징을 살려서 연필이나 펜을 함께 쓰는 것도 좋은 방법이며, 기름에 대한 반발 작용을 이용하여 양초나 왁스, 크레용으로 재미있는 효과를 연출할 수도 있습니다. 마스킹 테이프나 용액을 이용하여 물감이 흡수되는 것을 막아서 색다른 효과를 연출할 수도 있습니다.

〈Forest Series〉_ 지연

맑고 투명한 수채화의 특징을 살려 전체적인 상황을 자세히 묘사함으로써 생생함을 더했습니다.

아크릴 물감

아크릴 물감은 미술 분야에서 가장 유용하게 쓰이는 재료입니다. 아크릴 물감은 수용성이라 물을 사용하지만 매우 빠르게 건조되며 후에는 물에 씻기지 않습니다. 두께 차이를 통해 유화 같은 느낌을 낼 수도 있고, 물을 많이 사용해서 수채화처럼 표현할 수도 있습니다. 그뿐만 아니라 여러 가지 재료와 기법을 혼합하여 다양한 텍스처와 효과를 낼 수 있으며, 덧칠할 수 있어 수정이 용이합니다. 반면 비교적 빠르게 굳어 버리는 단점이 있기 때문에 붓은 사용 후 바로 깨끗하게 씻어야 합니다. 빠르게 건조된다는 특성은 단점으로만 작용하지 않습니다. 마감에 쫓기는 상황이라면 빠른 건조가 유용한 장점이 되기도 합니다.

종이와 바탕 재료

아크릴은 종이에만 사용하는 것은 아닙니다. 캔버스, 나무, 하드보드, 심지어 미술 재료가 아닌 것까지 바탕으로 사용할 수 있습니다. 하지만 종이류에 아크릴 물감을 칠할 때는 베이스 재료로 사용되는 젯소나 다양한 미듐을 사용해서 초벌칠을 해야 합니다. 일반 종이에 바로 칠하면 흡수가 빨라 여러 가지 효과를 내기가 어렵습니다.

> 🕯 성공을 부르는 핵심 **TIP** **젯소와 미듐**
>
> 젯소는 아크릴이나 유화의 작품에 주로 사용되는 재료로 밑바탕에 칠하는 보조제입니다. 물감이 안착되도록 만들어주고, 물감이 잘 칠해지지 않는 다양한 바탕 재료에도 컬러가 잘 안착되도록 만들어줍니다. 얇은 표면에서 두꺼운 재질감까지 다양하게 사용할 수 있습니다. 미듐은 물감의 광택 정도와 점도, 텍스처를 바꿔주는 역할을 합니다. 색을 혼합하여 사용하기도 하고 광을 없애는 데도 사용합니다. 미듐의 종류와 그 역할도 다양합니다.

기법

아크릴은 오일을 사용하는 유화와 물을 사용하는 수채화의 장점을 골고루 가지고 있어 오늘날 많은 아티스트와 일러스트레이터들이 즐겨 사용하는 물감입니다. 유화는 물을 사용할 수 없으며 빨리 건조되지 않는 단점이 있고, 수채화는 건조된 이후에 수정할 수 없다는 단점이 있습니다. 아크릴은 이 두 가지의 단점을 개선한 물감입니다. 물을 사용하여 그리지만 건조된 이후에는 물에 번지지 않아 덧칠하여 원하는 만큼 수정할 수 있습니다. 넓은 바탕을 칠할 때는 얇은 색으로 밑칠을 하고 이후 여러 겹으로 효과를 주면서 덧칠합니다.

〈레오의 특별한 꿈〉_ 정소현

과슈

과슈는 수채 물감에 불투명한 성질을 추가하기 위해 아라비아 고무와 흰 안료를 섞어 만든 불투명한 수채 물감입니다. 수채화나 아크릴과 마찬가지로 물에 잘 녹으며, 종이에 그린다는 점에서 수채화와 비슷합니다. 하지만 물을 사용해서 명암을 조절하는 수채화와 달리 흰색 물감을 섞어 명도를 조절합니다.

종이

수채화에서 사용하는 종이를 사용할 수 있습니다. 그뿐만 아니라 아크릴에서 사용하는 바탕 재료도 활용할 수 있습니다. 흰색 종이부터 어두운 색의 종이까지 다양하게 사용할 수 있으며, 수채화보다 더 다양한 바탕 재료를 활용할 수 있습니다.

기법

과슈의 특징은 불투명한 것입니다. 그러므로 흰색을 적절하게 섞어 일정한 농도로 칠해야 합니다. 아크릴처럼 물이 아닌 색감으로 톤의 변화와 명암을 표현해야 합니다. 물에 잘 녹기 때문에 수채화 기법과 아크릴 기법을 효과적으로 표현할 수 있습니다.

≪세계 문학 속 지구 환경 이야기≫ _ 토끼도둑

과슈의 불투명한 특성이 그림의 긴장감을 잘 살려주면서도 차분함을 살려줍니다.

콜라주

콜라주는 '붙인다'의 어원으로 다양한 재료를 그림에 붙여서 사용하는 기법입니다. 일러스트레이터나 아티스트들이 흔히 쓰는 기법입니다. 신문이나 잡지, 사진, 종이, 헝겊 등을 재료로 이용할 수 있습니다. 철사, 못 등을 이용해서 입체적인 작품을 만들 수도 있습니다.

〈레오의 특별한 꿈〉_ 정소현

금속을 이용한 콜라주 기법으로 시각적 효과를 극대화하여 레오의 특별한 꿈을 표현하고 있습니다.

펜과 잉크

펜은 단순하면서도 다양한 기법을 표현할 수 있어 사랑받는 재료 중 하나입니다. 건축이나 단순한 드로잉 작업에도 많이 사용됩니다. 수채화, 아크릴, 과슈 물감 등 다양한 재료와 함께 사용하기도 합니다. 펜과 잉크만으로 다양한 효과를 낼 수 있는 것이 큰 장점입니다. 펜의 종류에는 전통적인 깃털 펜부터 리드 펜, 볼펜, 대나무 펜, 펠트 펜, 로터링 펜, 금속 펜, 만년필 등 다양합니다. 수채 잉크나 컬러 잉크를 사용하여 다양한 그림을 표현하는 데 쓰입니다.

종이

펜을 이용할 때는 표면이 딱딱하거나 두꺼운 종이가 좋습니다. 너무 얇거나 부드러운 종이는 잉크가 빠르게 스며들거나 번질 수 있으니 주의해야 합니다.

〈성베드로 대성당〉 _ 김은정

펜의 단순하면서도 정교한 특징을 살려 대성당을 섬세하게 표현했습니다.

기법

선을 이용한 펜화와 점묘법을 이용한 펜화가 있습니다. 점과 선을 동시에 사용해서 효과를 줄 수도 있으며, 손으로 문질러 음양의 효과를 주거나 펜촉으로 잉크 튀기기, 칫솔로 잉크 뿌리기 등의 방법도 있습니다.

판화

과거에는 인쇄 수단이었던 판화가 현재는 예술의 한 형태로 바뀌었습니다. 판화는 잉크를 금속판이나 나무판 위에 칠하고 표면의 이미지를 찍어 내는 기법입니다. 다른 기법에 비해 장비와 도구가 많이 필요하고, 절차가 복잡하며, 세부 묘사가 어렵다는 단점이 있습니다. 주로 선이나 면을 이용한 단순한 이미지를 표현하며, 특수한 기법이 주는 잉크의 찍힘과 선의 매력이 상당히 큽니다.

《신기한 목탁 소리》_ 김성희

목판화의 장점인 생동감을 살려, 절에서 목탁이 울려 퍼지는 듯한 느낌을 표현하고 있습니다.

파스텔

파스텔은 분말 안료를 점성 고무와 수지에 섞어 만든 것입니다. 손끝으로 문질러 명암과 톤을 조절할 수 있으며, 화장솜이나 휴지를 이용하여 색조를 바꾸기도 합니다. 지우개로 수정하기도 하지만 일반적으로 수정이 어려운 편입니다. 건식 재료의 특성상 마무리 단계에서는 정착액을 사용해서 고착시키는 것이 좋습니다.

> 성공을 부르는 핵심 **TIP** **정착액(픽사티브)**
> 그림을 보호하기 위해 표면에 뿌려주는 액체입니다. 주로 건식 재료에 사용하며, 가루가 떨어지지 않도록 고착시켜 작품을 보호합니다.

종이

파스텔은 일반 도화지부터 다양한 질감의 종이까지 폭넓게 사용할 수 있습니다. 물론 캔버스에도 사용할 수 있으며, 목적에 따라 색감이 들어간 색상지를 사용하기도 합니다. 분말이라는 특성을 고려하여 입자가 쉽게 떨어지지 않고 잘 달라붙는 종이를 선택하는 것이 좋습니다.

기법

파스텔의 색상은 물감보다 훨씬 다양합니다. 물감처럼 섞어서 새로운 색을 만들기가 어렵기 때문입니다. 다양한 색을 활용하여 풍부하게 컬러를 표현할 수 있습니다. 파스텔화는 종이의 질감, 손의 압력, 파스텔의 진하기 정도에 따라 효과가 달라집니다. 파스텔 가루를 갈아서 사용하면 자국 없이 부드럽게 넓은 면적을 채울 수 있습니다. 반대로 파스텔 자체를 그대로 사용하면 자국이 남습니다. 의도하지 않은 자국은 보기 싫을 수 있지만 목적에 따라 자국을 활용하기도 합니다.

〈별똥별 고양이〉 _ 박여희
파스텔을 활용하여 부드럽고 따뜻한 분위기를 표현하고 있습니다.

CHAPTER 02

주제별 포트폴리오 제작하기

분야마다 일러스트레이션의 목적과 활용성을
살펴보고 자신만의 독창적인 스타일을 어떻게
표현할 것인지를 살펴봅니다. 그리고 일을 의뢰받기
위해 포트폴리오를 체계적으로 제작하고 완성도
높은 작품을 만들 수 있는 방법을 알아보겠습니다.

출판 일러스트

일러스트레이션은 목적에 따라 크게 출판, 일러스트레이션과 광고 일러스트레이션으로 나뉩니다. 출판 일러스트레이션은 책이나 잡지, 신문 등에 글과 함께 들어가는 그림을 말합니다. 어린이 그림책, 사보 등도 포함합니다. 이와 같이 출판 일러스트레이션은 정보를 전달하는 그림이기에 순수 회화와는 구별되는 목적 미술입니다. 출판 일러스트레이션은 단순한 그림 실력의 문제가 아니라, 글의 내용을 이해하여 자신의 개성 있는 아이디어로 표현하는 것이 가장 중요합니다.

책 표지

책 표지 디자인은 소설이나 수필을 비롯한 서적류의 표지를 디자인하는 것입니다. 표지는 책의 표면을 보호하는 역할도 합니다. 이러한 책 표지에 사용하는 일러스트는 독자들에게 책의 주제를 예고하여 흥미를 유발하는 기능을 합니다. 이미지가 갖는 힘은 잘 쓴 문구 여러 줄보다 훨씬 효과적이며, 잘 만든 책 표지는 독자들로 하여금 오랫동안 책을 기억하도록 합니다.

아이디어

주제를 잘 표현하면서 독자들의 눈길을 사로잡을 수 있는 아이디어야 합니다. 책의 주제를 드러내기 위해 모든 내용을 묘사할 필요는 없지만 독자들이 무슨 내용인지는 추측할 수 있어야 합니다. 표지는 책의 얼굴로 독자들의 시선을 사로잡는 매력이 있어야 하고, 호기심과 상상력을 불러일으켜야 합니다. 무엇보다 통일성과 간결성은 수십 번 강조해도 지나치지 않을 정도로 중요합니다. 그러므로 너무 복잡하거나 책의 내용과 동떨어진 느낌을 주지 않아야 합니다.

표지 디자인_ 정소현

타이포그래피

책 표지의 이미지에 따라 문자를 시각적으로 배치하고 구성해야 합니다. 글자와 그림을 효과적으로 대비시켜 시각적인 전달력을 높여야 합니다. 책 표지에는 제목과 저자, 출판사가 기재됩니다. 특히 제목에 사용되는 타이포그래피는 크기와 위치에 따라 시각적 효과와 주목도를 높일 수 있습니다. 서체의 종류와 크기 등을 다양하게 사용할 수 있지만, 저작권 문제와 같은 법적 분쟁에 휘말릴 수 있으므로 실제로 사용 가능한 서체인지 확인하고 사용해야 합니다. 최근에는 캘리그래피를 이용한 타이포그래피도 많이 사용됩니다.

표지 디자인_ 뽀얀

레이아웃

책 표지를 이루는 문자, 기호, 그림, 사진 등을 목적에 따라 효과적이고 아름답게 배치해야 합니다. 제목과 카피, 저자명, 출판사명 그리고 일러스트레이션을 적절히 배치하여 주목성, 조형성, 창조성, 가독성 등의 시각적 효과를 극대화해야 합니다. 좋은 레이아웃은 내용을 일목요연하게 정리하여 정보를 쉽고 명확하게 보여줍니다. 전체적인 조화와 아름다움을 더해 독자들에게 효과적으로 정보를 전달해야 합니다. 읽기 편하면서도 아름다운 레이아웃을 만들어야 합니다.

잡지 디자인

잡지 디자인은 페이지마다 일러스트레이션과 타이포그래피를 조합하여 정보를 체계화해야 합니다. 즉, 정보 전달을 목적으로 시각적 소재들을 결합하는 디자인입니다. 뿐만 아니라 다양한 형태의 일러스트레이션과 사진을 이용하여 상업적 효과를 극대화하고, 구독자와 광고주를 연결시키는 광고 매체로도 기능합니다.

일러스트레이션

잡지에서 사용하는 일러스트레이션은 시각적 효과를 위한 그림입니다. 단순한 장식 용도라기보다 잡지의 내용을 잘 전달하기 위해서 사용합니다. 주제를 보다 명확하게 전달하면서 독자를 유혹하기도 해야 합니다. 일러스트레이션은 그 자체가 정보를 전달하지만 그 스타일은 개성적이어야 하며, 이해하기 쉬우면서도 상상력을 자극해야 합니다.

표지

잡지 디자인에서 표지는 책을 보호하고 내용을 보다 효과적으로 전달해야 합니다. 뿐만 아니라 시각적으로 강렬하게 호소하여 광고 효과를 높여야 합니다. 간결하면서도 호소력이 짙은 포스터 같은 역할을 합니다. 잡지의 성격에 따라 디자인과 색상이 결정되므로 지나치게 눈에 띄려 디자인하는 것은 금물입니다.

표지의 시각적 인지도와 효과를 극대화하려면 우선 개성 있는 일러스트레이션이 필요합니다. 다음으로 주목을 끌 수 있는 타이포그래피가 필요하며, 잡지의 성격을 고려한 특수한 색상을 선택하는 것이 좋습니다. 마지막으로 눈길을 끄는 레이아웃, 그림과 글자의 대비 효과를 이용해 확실하게 독자의 시선을 사로잡는 것이 좋습니다.

타이포그래피

타이포그래피는 그래픽 디자인에서 가장 중요한 요소 중에 하나입니다. 이미지와 부합되는 문자를 디자인해야 하며, 무엇보다 정보 전달이 우선되어야 합니다. 즉, 가독성이 뛰어나면서도 심미적으로 디자인되어야 합니다.

색채

잡지를 보는 대상을 고려하여 색상을 선택합니다. 잡지의 콘셉트에 맞는 색채를 선정하여 전체적인 분위기와 조화를 이루어야 합니다. 색채는 책의 개성과 이미지를 형성하는 데 결정적인 역할을 하며, 독자의 눈과 마음을 사로잡을 수 있는 강한 호소력을 지니고 있습니다.

잡지 일러스트 _ 박소현

잡지 일러스트 _ 엠제이

잡지 일러스트 _ 김윤명

신문 디자인

신문 디자인은 주제, 부제, 기사, 제호, 일러스트레이션, 사진 등 사용되는 모든 요소들을 적절하게 구성하고 배치하여 정보를 전달합니다. 특히 신문 편집 디자인은 기사의 가독성과 정보 전달력을 극대화해야 합니다. 시각적으로 메시지가 제대로 전달되어 독자들이 잘 기억할 수 있도록 해야 합니다. 그러기 위해서는 각 구성 요소가 단순명료하면서 단단하게 연결돼야 합니다.

일러스트레이션

사회에서 일어나는 각종 사건이나 사고, 정보나 의견을 전달하는 데 사용하는 일러스트레이션이라면 객관성을 유지하는 데 중점을 두어야 합니다.

신문 일러스트레이션의 종류

신문에 사용하는 일러스트레이션은 만화, 인포그래픽, 개념 일러스트레이션, 르포르타주로 구분합니다. 각각 다음과 같은 특징이 있습니다.

- **만화** ｜ 만화는 신문에 자주 활용하는 일러스트레이션으로 풍자와 비판을 하는 데 주로 사용합니다.

- **인포그래픽** ｜ 일러스트와 그래픽의 장점을 활용하여 사건의 원인과 과정을 설명하는 스케치 방식입니다. 사진 자료를 구하기 힘든 경우 취재로 입수한 정보와 함께 전달력을 높이는 데 사용합니다. 인포그래픽에는 지도, 비즈니스 차트, 다이어그램 등이 있으며 주로 컴퓨터 작업으로 만듭니다.

- **개념 일러스트레이션** ｜ 신문, 잡지 등의 인쇄 매체에 사용되며 전체 내용을 압축하거나 중요한 내용을 부각시키는 역할을 합니다. 특집 기사나 기사의 핵심을 돋보이게 하는 역할도 합니다.

- **르포르타주** ｜ 법정 안에서 일어나는 사건이나 비공개로 진행되는 재판에서는 사진기를 사용할 수 없습니다. 그러므로 일러스트레이션을 통해 기사의 생생함을 전달합니다. 혹은 위급한 범죄의 사건을 재구성하는 것으로 사진이나 텔레비전에서 보도하는 이미지가 흐리거나 선명하지 않을 경우 이를 보완하기 위해 르포르타주를 사용하기도 합니다.

레이아웃

신문 편집은 주제, 부제, 기사, 제호, 머리띠/표제, 일러스트레이션, 사진 등과 같이 많은 구성 요소를 배치해야 합니다. 배치뿐만 아니라 조형적으로나 내용적으로 알맞게 요소를 배분해야 합니다.

신문 레이아웃의 특징

- **주목성** | 소비자들의 시선을 유도해야 합니다.

- **가독성** | 내용을 일목요연하게 정리하여 빠르고 쉽게 읽을 수 있어야 합니다.

- **명쾌성** | 디자인 의도를 쉽고 확실하게 이해할 수 있어야 합니다.

- **호소력** | 독자의 마음을 사로잡아야 하며, 충분한 공감대를 만들어내야 합니다.

- **창조성** | 개성 있고 참신한 디자인이어야 합니다.

- **조형성** | 세련되면서도 깔끔한 구도와 형태여야 하고, 시각적 표현이 아름다워야 합니다.

- **여백의 미** | 깔끔한 여백 처리와 간결한 공간 형성이 필요합니다.

▲ **조선일보(2018년 2월 9일자)** 로댕의 〈생각하는 사람〉 이미지와 기사 내용을 결합시켜 흥미를 유발시키고 시선을 유도해 주목성을 높이는 디자인입니다.

02 / 광고 일러스트

광고 일러스트는 관련 전문가들이 제품이나 메시지를 전달하여 대중을 설득하는 방법 중 하나입니다. 광고 일러스트에서 가장 중요한 것은 아이디어입니다. 소비자들에게 강렬한 인상을 줘야 해당 제품의 판매를 촉진할 수 있기 때문입니다. 이를 위해서 무엇보다 광고주의 시선을 붙잡을 수 있는 포트폴리오가 필요합니다. 색다르고 참신한 아이디어가 담긴 일러스트여야 합니다. 또한 단순히 머릿속에 기억되는 것에 그치지 않고, 전하고자 하는 메시지가 명확하게 전달되어야 실제 구매로 이어질 가능성이 큽니다.

TV 광고

TV 광고는 영상과 소리로 해당 상품의 특징과 장점을 소개해야 합니다. 최근 다양한 온라인 매체가 등장해 TV 광고의 힘이 이전에 비해 줄어들었다는 의견도 있지만 여전히 TV 광고는 막강한 영향력이 있습니다.

작업의 시작

TV 광고는 광고주가 광고 대행사에게 해당 제품의 광고 제작을 의뢰하는 것에서부터 시작합니다. 광고주의 요청을 받은 광고 대행사는 회의를 열어 어떤 아이디어가 필요한지 검토합니다. 특히 관련 제품에 대한 다양한 정보를 모으는 것이 중요합니다. 많은 데이터 속에서 색다르고 참신한 아이디어가 나올 수 있기 때문입니다.

스토리 보드와 촬영 대본

우선 스토리 보드와 촬영 대본을 제작해야 합니다. 스토리 보드는 전체 광고 내용의 핵심적인 부분을 간단하게 스케치한 것입니다. 촬영 대본에는 실제 TV 광고를 찍기 위해서 필요한 화면의 크기 및 각도, 배경, 모델의 메이크업, 촬영 시간과 이동 거리, 위치 등 수많은 요소들이 담겨 있습니다. 또한 상황에 따라 하나가 아닌 여러 안을 만들어 화면 구도나 광고 효과를 고려하여 최종 결정합니다.

상품성 부각

상품성이란 경쟁사 제품과 차별화되는 요소를 말합니다. 광고의 목적이 해당 제품을 많이 판매하는 것이므로, 상품성을 최대한 부각하여 매력을 충분히 보여줘야 합니다. TV 광고는 제품에 따라 차이가 있지만 일반적으로 30초 안에 강렬한 인상을 남겨야 합니다. 제품의 장점을 모두 알리기에는 짧은 시간이므로 대중에게 어필할 수 있는 포인트를 선별하여 내용을 구성해야 합니다.

제작 시 주의사항

TV 광고 제작 시 너무 많은 것을 담으려고 해서는 안 됩니다. 광고주 입장에서는 이것저것 많은 정보를 알리고 싶을 수 있습니다. 광고주의 의견을 무조건 수용하여 짧은 시간에 너무 많은 메시지를 전달하려다 하나조차 제대로 전달하지 못하는 광고가 될 수 있습니다. 그러므로 간결하면서도 제품의 핵심을 시청자의 기억에 각인시킬 수 있도록 압축적으로 제작해야 합니다.

▲ 〈사랑의 열매〉 TV 광고 _ 잠산 사람들에게 사랑의 마음이 있고, 그 마음들이 모여서 커다란 사랑의 열매가 된다는 메시지를 전달합니다.

웹 광고

인터넷을 통해 소비자에게 직접 도달하는 방식의 광고입니다. 소비자와 양방향으로 소통하며 자연스럽게 상품 정보를 제공하고 구매까지 유도할 수 있습니다. 웹 광고는 지면 광고나 TV 광고에 비해 훨씬 적은 비용으로도 많은 소비자를 만날 수 있습니다. 광고 형태나 시간 등에 제한이 없어 다양하고 차별화된 광고를 제작할 수 있습니다. 또한 정보 기술이 발전하면서 전 세계를 대상으로 타깃 소비자를 찾아 광고를 내보낼 수도 있습니다.

〈베스킨라빈스〉 웹 광고 일러스트 _ **정소현**

웹 광고 일러스트 _ **잠산**

포스터 광고

포스터는 주위에서 많이 볼 수 있는 광고물 중 하나로, 공익 광고 포스터와 상업 광고 포스터로 구분할 수 있습니다. 포스터는 한 장의 종이 안에 충분한 메시지를 담아내야 하기 때문에 눈에 띄면서도 압축적이어야 합니다.

상업 광고 포스터

상업 광고 포스터는 상품 판매 촉진을 위한 마케팅 수단입니다. 상업 광고 포스터를 제작할 때는 해당 제품의 장점이 명확하게 드러날 수 있도록 구성합니다. 자사 제품의 우수성을 소비자들에게 어필하기 위하여 경쟁사 제품과의 차이점을 포함하기도 합니다.

〈문화와 하늘을 잇다〉 전시 포스터 _ 정소현

〈라 보엠〉 공연 포스터 _ 잠산

공익 광고 포스터

공익 광고 포스터는 컴퓨터 그래픽과 프린트를 통해 제작하는 것이 일반적입니다. 상업 광고와는 달리 논란을 일으킬 수 있는 주제를 피해야 합니다. 대중들에게 취지를 알리고 이해와 호응을 이끌어내기 위하여 제작되므로 논쟁거리를 제공해서는 안됩니다. 이뿐만 아니라 영리를 목적으로 하는 것도 올바르지 않으며, 일반 대중들의 의식에 부합해야 합니다.

신문 광고

신문의 가장 큰 특징은 정기적으로 발행되는 인쇄 매체라는 점입니다. 신문 광고 제작은 먼저 아이디어를 모은 후 카피와 일러스트, 사진 작업 등이 진행됩니다. 이어 최종적으로 원고가 완성되면 수정을 거친 후 마무리 작업을 합니다. 신문 광고의 규격은 일반적으로 5단, 8단, 10단, 전면 광고 등으로 나눌 수 있습니다.

하나의 지면에 모든 메시지 담기

신문을 이용한 광고는 종이로 인쇄되기 때문에 지정된 면에 모든 메시지를 담아야 합니다. 여러 장면이 포함된 영상과 달리 하나의 지면에 해당 제품의 특징 및 장점을 부각시켜야 하기 때문에 TV보다 압축적으로 표현해야 합니다.

강렬한 카피

독자가 지면을 펼쳤을 때 강렬한 카피로 시선을 사로잡아야 합니다. TV 광고는 시각적인 여러 이미지를 끊임없이 제공하지만 신문 광고의 카피와 이미지는 고정된 이미지로 독자의 시선을 오래 붙잡을 수 있어야 합니다.

레이아웃

신문 광고의 레이아웃은 잡지 광고에 비해 전통적이고 보수적인 느낌이 강합니다. 날마다 발행되는 일간지에는 전면 광고와 하단 광고 , 지면 중간에 삽입되는 박스 광고 등이 있습니다. 이처럼 정형화된 형태로 게재되는 방식이어서 레이아웃도 무난하고 안정감이 있습니다. 하지만 수년 전 모 일간지 양쪽 지면에 세로 형태로 제품 광고가 게재된 후부터 다양한 레이아웃이 등장하고 있습니다.

〈하이모〉 신문 광고 _ 유환형

〈e편한세상〉 신문 광고 _ 잠산

잡지 광고

잡지는 신문과 함께 대표적인 인쇄 매체 중 하나입니다. 잡지 광고와 신문 광고의 가장 큰 차이점은 잡지는 컬러가 선명하여 시각적인 효과가 강하다는 점입니다. 즉 이미지 사용이 좀 더 과감하고 다양한 연출을 할 수 있습니다. 특히 인쇄 및 조판 기술 등의 발달로 파격적이면서도 세련된 광고로 독자들의 시선을 사로잡을 수 있습니다. 반면 해당 제품에 대한 정보를 충분히 수집하고, 이를 바탕으로 아이디어를 하나로 모은 후 카피와 일러스트, 사진 작업 등이 진행된다는 점에서는 신문 광고와 유사합니다.

과감한 표현 시도

TV나 신문은 공공성이 중요하므로 표현에 어느 정도 제한이 있는 반면, 잡지는 상대적으로 제약이 적어 과감한 시도를 할 수 있습니다. 좀 더 파격적인 디자인과 카피가 가능하다는 의미입니다. 다만 주요 독자층이 정해져 있기 때문에 해당 독자를 염두에 두고 제작해야 합니다. 레이아웃도 안정적인 스타일뿐만 아니라 독특한 레이아웃도 시도할 수 있습니다.

레이아웃

잡지 광고에서 레이아웃은 중요한 요소 중 하나입니다. 소비자들이 해당 잡지를 구매하는데 큰 영향을 끼치기 때문입니다. 그러므로 잡지 레이아웃은 균형감과 통일성, 안정감 등 다양한 요소를 감안하여 만들어야 합니다. 지면에 따라 무난하고 안정적인 레이아웃이 필요한 경우도 있고, 기존 고정관념을 뛰어넘는 파격적이고 도발적인 레이아웃이 필요하기도 합니다. 레이아웃을 어떻게 하느냐는 해당 제품의 특징, 성격과 관련이 있습니다. 가전, 제약, 가구 등은 제품의 특징과 장점 등을 설명하는 무난한 레이아웃을 선택하고, 패션이나 화장품 광고에는 여성들의 감성에 호소하기 위해 다소

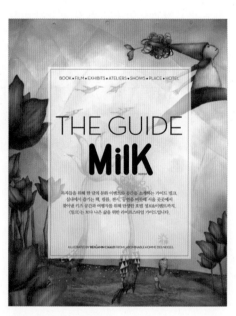

〈밀크〉 잡지 광고 _ 정소현

공격적인 레이아웃을 시도하는 경우가 많습니다. 하지만 이런 경향 또한 계속 변화하고 있습니다.

디스플레이 광고

디스플레이 광고는 특정한 목적을 가지고 실제 제품을 전시하는 광고입니다. 백화점 등에서 흔히 볼 수 있습니다. 디스플레이 광고는 단순히 제품을 진열하는 차원에서 벗어나 하나의 테마를 가지고 제품 광고를 연출합니다. 주위의 조명과 색깔 등이 제품과 얼마나 잘 어울리는지가 중요합니다. 배너, 동영상, SNS 광고 등 온라인 디스플레이 광고도 포함됩니다.

디스플레이 광고 일러스트 _ 정소현

옥외 광고

옥외 광고는 건물 바깥에 설치하는 광고입니다. 도심 거리에서 흔히 볼 수 있는 간판, 애드벌룬, 네온사인 등이 해당됩니다. 대표적인 옥외 광고는 세계적으로 유명한 뉴욕 타임스 스퀘어가 있습니다. 옥외 광고는 유동 인구가 많을수록 홍보 효과가 크며, 거리의 미관을 해칠 수 있다는 단점도 있습니다

배너 광고 일러스트 _ 정소현

옥외 광고 일러스트 _ 정소현

03 / 그림책 만들기

그림책은 글과 그림이 조화를 이루어 시각적인 언어로 이야기를 전달하는 책입니다. 예전의 그림책은 글을 읽지 못하거나 시각적 사고가 더 쉬운 어린이가 주 독자였다면, 현재는 성인까지 독자층이 확대되었습니다. 그림책에서 글과 그림 다음으로 중요한 요소는 바로 디자인입니다. 아무리 좋은 글과 멋진 일러스트레이션이 있더라도 최종 디자인에서 조화를 이루지 못한다면 좋은 그림책이라 할 수 없습니다. 한마디로 그림책은 글, 그림, 디자인이 완벽한 조화를 이루어야 합니다.

기획하기

기획은 어떤 그림책을 어떻게 제작할지 뚜렷한 목표를 설정하여 결정하는 일입니다. 그림책의 종류와 내용을 정하고, 어떻게 만들 것인지에 대해 구체적으로 계획해야 합니다. 기획 방법에는 크게 두 가지가 있습니다. 저자와 일러스트레이터를 각각 선정하여 원고와 그림을 별도로 만들어 하나의 그림책을 제작하는 방법과 한 작가가 원고를 쓰고 그림도 그리는 경우가 있습니다. 이런 방법으로 편집과 제작 과정을 거쳐 하나의 책을 마감하기까지 이 모든 일련의

〈레오의 특별한 꿈〉 기획서 _ 정소현

과정을 계획하는 것을 기획 단계라고 할 수 있습니다. 주변을 잘 관찰하여 일상 속에서 소재를 찾는다면, 독자와 소통하는 그림책을 기획할 수 있을 것입니다.

그리미의 하얀 캔버스

01 겨울, 소녀와 가족은 차를 타고 숲과 호수가 있는 별장으로 여행을 간다(집이 보이는 전경).

02 아빠와 엄마는 차에서 짐을 내리고, 소녀는 캔버스를 가지고 집으로 들어간다.

03 창문 밖으로 눈이 내리는 것을 본다(방 안에 캔버스와 이젤, 빨간 털모자가 있다).

04 캔버스를 들고 밖으로 나온다. 오리의 발자국을 보고 따라간다(입에는 연필을 물고 있다).

05 발자국을 따라간 호숫가 벤치에서 눈사람을 발견한다. 소녀는 눈사람을 보며 미소 지으며 머리를 쓰다듬는다.

06 그 순간, 눈사람이 움직인다. '푸드덕' 날개를 펼치는 소리를 내며 오리가 움직인다. 소녀는 놀라서 쳐다본다.

07 소녀는 눈이 내리는 눈밭에서 오리를 그린다. "오리야. 너는 정말 하얗구나."

08 소녀는 추워서 재채기를 한다(재채기하며 빨간 털모자가 벗겨진다).

08-1 소녀는 캔버스를 챙기고 오리에게 인사를 하며 자리를 떠난다(벤치 옆에는 오리와 빨간 털모자가 있다).

09 별장으로 돌아온 소녀는 감기에 걸려서 열이 난다. 엄마가 따뜻한 수건으로 감싸 준다(소녀 뒤로 이젤 위에 캔버스가 놓여 있다).

10 소녀는 감기 때문에 잠들어 있다. 창문 밖에는 오리가 소녀를 지켜보고 있다(배경은 밤).

10-1 소녀의 엄마와 아빠는 여행 가방을 차에 싣는다. 소녀는 자동차 안에서 창문 너머를 바라본다.

11 별장 안에는 소녀가 그린 그림이 있다. 창문 밖으로 소녀의 가족은 차를 타고 길을 떠난다.

12 어둠 속에서 캔버스는 흐릿해져 간다.

13 어둠 속으로 빛이 들어온다. 짐 가방과 여자의 그림자가 길게 집 안으로 들어온다.

14 여자는 창문 밖으로 눈이 오는 풍경을 바라본다(캔버스가 있는 벽은 어두움).

15 해가 떨어지고 여자는 창문에 걸터앉아(입에 연필을 물고) 호숫가의 오리를 스케치한다. 그러다 벽에 세워져 있는 캔버스를 본다.

15-1 여자는 캔버스를 바라보며 골똘히 생각한다.

16 여자는 침대에 잠들어 있고, 두 개의 창문 중 첫 번째 창문에서 빨간 털모자가 보인다(벽에는 온통 오리 스케치).

16-1 두 번째 창문에서 빨간 털모자가 보인다.

16-2 잠들어 있던 여자가 깜짝 놀란다. 여자의 뒤로 빨간 털모자를 쓴 오리가 여자를 쿡쿡 찌른다.

17 오리는 창문을 가리키며 여자에게 나가자고 한다.

18 둘은 창문 밖으로 눈이 쌓인 것을 바라본다.

18-1 오리와 여자는 멀어져 가는 별장을 뒤로한 채 눈밭을 걷는다.

19 아무것도 없는 하얀 눈밭에서 둘은 추위에 부둥켜안고 있다. 반대편에는 사슴 한 마리가 둘에게 다가오고 있다.

20 오리와 여자는 사슴을 따라 눈밭을 걷는다. 조금씩 나무가 나타나기 시작한다.

21 나무들 사이로 들어오자 푸른 잔디가 있고 나무에는 그림들이 걸려 있다. 여자가 빨간 털모자를 쓴 소녀의 모습이었을 때 그림이다. 여자는 놀라워한다.

22 오리는 여자의 화가 모자를 쓰고 캔버스에 그림을 그린다.

22-1 여자는 오리가 자신을 그려 준 캔버스를 안고 기쁨의 눈물을 흘리며 미소 짓는다(빨간 털모자 쓰고).

23 여자는 잠에서 깬다(창문으로 아침 햇살이 비춘다).

24 여자는 캔버스에 다가간다. 캔버스에는 빨간 털모자와 깃털이 꽂혀 있다.

24-1 여자는 캔버스에 무언가를 그리기 시작한다.

25 캔버스에는 빨간 털모자를 쓴 오리가 그려져 있다(화면의 테두리는 액자).

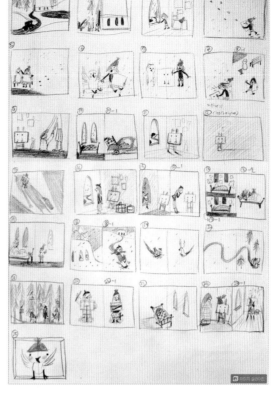

〈그리미의 하얀 캔버스〉 기획 자료 _ **이현주**

스토리텔링

스토리텔링은 주제를 표현하고, 이야기를 설득력 있게 전달하는 것을 말합니다. 주제와 관련된 재미난 요소와 형식이 결합되어 그림책의 성향을 결정합니다. 사건, 인물, 배경이라는 구성 요소를 가지고 시작과 중간, 끝이라는 시간적 연결 구도로 기술합니다.

포트폴리오 기본

UX/UI 디자이너 포트폴리오 전략

일러스트레이터 포트폴리오 전략

BX 디자이너 포트폴리오 전략

〈레오의 특별한 꿈〉 스토리텔링 _ 정소현

섬네일 스케치

작품 구상을 위해 자세한 묘사 없이 초기의 내용을 대충 그린 그림을 말합니다. 아이디어를 이미지로 가볍게 표현하여 앞으로 진행할 작업 과정을 확인하는 단계로, 전체적인 흐름을 파악할 수 있습니다. 섬네일 스케치를 진행하면서 아이디어가 바뀔 수도 있습니다.

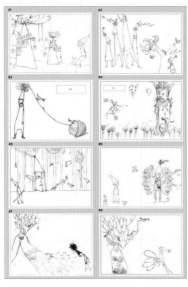
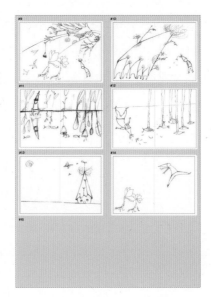

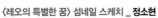
〈레오의 특별한 꿈〉 섬네일 스케치 _ 정소현

원화 스케치

스토리를 결정한 후에는 이야기를 시각적으로 잘 표현할 수 있는 일러스트레이션을 계획합니다. 간략한 스케치를 통하여 전체적인 흐름을 파악했다면 본격적으로 원화 스케치를 합니다.

원화 작업 시 유의 사항

❶ 원화 작업 전에 지류나 재료 등을 정확하게 정하고 시작합니다. 하나의 그림책을 만드는 데 필요한 충분한 양의 종이를 미리 사두는 것이 좋습니다.

❷ 드럼 스캔을 한다면 최대 크기는 60cm이므로 원화 크기도 이를 고려합니다. 두껍고 딱딱한 재료는 드럼 스캔을 할 수 없으니 주의합니다. 딱딱한 재료에 그림을 그린다면 평판 스캔이나 촬영을 해야 합니다.

❸ 원화의 상하좌우에 1~3cm 정도의 여백을 남깁니다. 액자에 넣을 경우를 대비하는 것입니다.

❹ 원화의 가운데 접을 부분을 미리 표시해 두고 작업합니다. 펼침 크기로 그림을 그릴 때 가운데 접히는 부분을 생각하지 않고 그림을 그리면, 그림에서 중요한 부분이 접혀 들어갈 수 있으므로 정확하게 위치를 표시해야 합니다.

❺ 원화를 보호할 때는 유산지를 이용합니다.

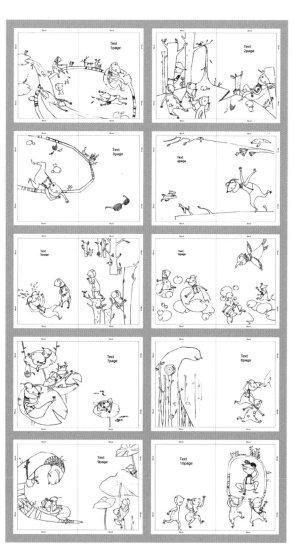

〈선글라스를 낀 개구리〉 원화 스케치 _ 정소현

원화 연출

말하고자 하는 내용을 여러 가지 기법을 이용하여 효과적으로 표현하는 것을 연출이라 합니다. 기승전결, 강약의 흐름, 연속적인 사건과 순서 등 흐름에 맞게 스케치를 하면서 그림책을 구성합니다. 그림책에서의 연출은 텍스트와 캐릭터, 조형적 레이아웃 등의 시각적인 요소를 하나의 장면으로 적절하게 보여주는 것입니다. 무엇보다 그림책은 낱장의 그림이 아닌 여러 장의 그림으로 이루어지기 때문에 앞장과 뒷장의 연결을 고려해서 연출해야 합니다. 표지부터 마지막 장면까지의 내용 전개와 구성, 표현 방법 및 재료 등을 고려하여 주인공, 배경, 중요한 장면 등을 설정합니다. 전하고자 하는 이야기를 일반적인 시선이 아니라 자신만의 개성 있고 독특한 시선으로 표현할 수 있어야 합니다. 또한 그 이야기를 효과적으로 연출할 수 있어야 합니다. 어떻게 연출하느냐에 따라 단순한 이야기도 큰 감동을 줄 수 있기 때문입니다.

> 🏆 성공을 부르는 핵심 **TIP 연출력을 높이기 위한 생활 속 자기계발**
> ① 정보 수집을 부지런히 한다. ② 전시장을 자주 방문한다. ③ 오감을 키우기 위해 여행을 즐긴다. ④ 다양한 재료를 사용해서 연습한다. ⑤ 다독다작을 즐긴다. ⑥ 모든 사물에 관심을 가지고 데생 연습을 한다. ⑦ 인문학과 철학에 관심을 가지고, 생각을 많이 한다.

〈레오의 특별한 꿈〉 원화 연출 _ 정소현

판형 결정

책의 크기(판형)는 작업할 원화의 콘셉트에 맞게 결정합니다. 가로가 길거나 세로가 긴 형태의 책이 될 수도 있습니다. 크기도 작은 책부터 큰 책까지 다양하게 선택할 수 있습니다. 기획했던 구조와 흐름에 맞는가를 따져서 판형을 결정하는 것이 중요합니다. 판형 결정이 어렵다면 출판된 그림책에서 마음에 드는 샘플을 찾아 보는 것도 방법입니다.

≪레오의 특별한 꿈≫, ≪선글라스를 낀 개구리≫(판형 215mm×305mm) _ 정소현

판형을 계산할 때는 펼침 면이 아닌 원화를 반으로 접었을 때를 기준으로 합니다. 즉, 표지로 사용한 하드 커버의 크기가 아니라 내지에 사용할 원화의 반쪽 크기를 의미합니다. 가로×세로 형태로 표기하여 판형을 결정한 후에는 일부를 판형에 맞춰 인쇄해보는 것이 좋습니다. 판형에 따라 원화의 느낌이나 색감 해상도가 어떻게 바뀌는지 확인해야 하기 때문입니다.

원화 스캔

원화의 펼침 사이즈가 600mm를 넘거나 휘어지지 않는 재료를 사용하면 드럼 스캔을 이용한 고해상 스캔이 어렵습니다. 따라서 스튜디오에서 촬영하거나 평판 스캔을 이용해야 합니다. 하지만 촬영보다는 드럼 스캔이 훨씬 선명한 해상도의 이미지를 얻을 수 있습니다.

원화의 색감이나 선명도 등의 품질은 드럼 스캐너, 평판 스캐너, 디지털 사진 촬영, 아날로그 촬영 순으로 우수합니다. 스캔을 받을 시 해상도는 300dpi로 설정해야 하며, 컷당 최소

10~30mb로 지정합니다. 드럼 스캔을 받은 후에는 원본 파일을 수정하기보다 복사본을 만들어 수정합니다.

▲ 드럼 스캐너 _ Aztek(www.aztek.com)

편집 디자인

그림책은 텍스트와 일러스트레이션의 조화가 매우 중요합니다. 편집 디자인과 아트 디렉팅을 어떻게 하느냐에 따라 분위기가 완전히 달라지기도 합니다. 아무리 원화를 잘 그렸더라도 편집 마무리에서 완성도가 떨어지면 전체적으로 품질이 떨어집니다. 그림책에서 편집 디자인은 단순히 텍스트와 일러스트레이션을 배치하는 것이 아니라, 전체적인 흐름과 전개에 따라 균형, 대비, 비율, 리듬, 통일, 조화 등을 고려하여 효과적으로 표현해야 합니다.

편집 프로그램은 주로 인디자인을 사용합니다. 경우에 따라 포토샵, 일러스트레이터를 사용할 수도 있습니다. 편집 프로그램을 잘 다루지 못해 비용을 지불하고 맡기는 경우가 있는데, 그림책을 만드는 작가 또는 지망생이라면 직접 도전하길 권합니다. 그래야만 보다 전문성을 가질 수 있고, 무엇이 잘못되었는지 바로 알고 수정할 수 있습니다.

편집 디자인의 순서

❶ 원화를 스캔받아 디지털화한 후 편집 디자인 프로그램을 이용해서 텍스트와 기타 그래픽 요소를 결합합니다.

❷ 텍스트를 삽입할 위치와 크기를 정하고, 서체 등을 조정합니다.

❸ 제본에 따른 표지를 만듭니다.

❹ 편집 프로그램으로 내지와 표지가 완료되면 인쇄에 맞는 방식으로 컬러 출력 및 인쇄 교정 작업을 진행합니다.

❺ 인쇄할 때는 CMYK로 전환한 후 PDF 파일로 전달하길 추천합니다.

출력

프린트 종류는 크게 잉크젯 프린트와 레이저 프린트가 있습니다. 각 프린트의 성격을 잘 파악하여 사용할 프린트를 선택합니다. 필자의 경우 그림에 따뜻한 느낌을 더하고 싶은 경우에는 잉크젯 프린트를 이용합니다. 테스트 인쇄 후 마음에 드는 것을 선택하여도 좋은 방법입니다.

잉크젯 프린트

잉크젯 프린트는 종이 위에 잉크를 분사하는 방식으로 이미지를 출력합니다. 종이의 선택이 다양한 편이며 해상도가 높아 사진작가들의 선호도가 높습니다. 따뜻한 느낌의 그림이 잘 어울리며, 종이의 종류에 따라 결과물의 느낌 차이가 큰 편입니다.

▲ 잉크젯 프린터 _ EPSON(www.epson.co.kr)

레이저 프린트

속도가 빠르고 프린트된 이미지의 피막이 튼튼하여 선 느낌을 잘 표현할 수 있는 인쇄 방식입니다. 선 느낌이 강해 끊어지는 느낌의 글씨를 표현하기에 적합하나 전용 종이가 얇아서 고급스러운 느낌은 상대적으로 부족합니다.

▲ 레이저 프린터_HP(www.hp.com)

CHAPTER 03

포트폴리오 마무리하기

클라이언트의 관심을 받고, 여러 곳에서 일을 의뢰받기 위해
자신을 알리는 홍보물과 명함을 제작하는 방법, 일감을 찾는 방법을 소개합니다.
여기서 제시하는 구체적인 방법을 통해 자신에게 맞는 일을 찾고,
회사에 지원하거나 프리랜서로 활동을 시작합니다.

01

다양한 형태의
명함 만들기

명함은 인쇄물 중에서 작가와 작품을 가장 쉽고 빠르게 홍보할 수 있는 간편한 홍보물입니다. 실제로 일러스트레이터의 명함을 살펴보면 굉장히 그 종류가 다양합니다. 명함은 자신의 개성과 디자인 감각을 나타낼 수 있는 또 하나의 홍보 수단입니다. '명함은 자신의 얼굴과 같다'는 말도 있습니다. 잘 만든 명함 한 장은 곧 그 사람의 이미지와 작품성까지 대변할 수 있습니다. 따라서 명함 한 장으로 클라이언트의 마음을 사로잡을 수 있어야 합니다. 명함은 자신의 대표적인 그림을 넣어서 제작하기도 하고, 간단한 그래픽 이미지와 로고, 타이포그래피만으로도 제작합니다. 또는 독특한 아이디어로 이목을 집중하게 만드는 명함도 있습니다. 이처럼 작은 종이 한 장에 충분한 노력을 기울이는 이유는 그만큼 명함이 가지는 의미가 크기 때문입니다.

대표 이미지 명함

자신의 대표 이미지를 싣는 방식으로, 가장 일반적인 명함입니다. 클라이언트의 마음을 사로잡거나 자신의 작품관을 한 눈에 전달할 수 있는 대표 이미지를 사용하는 것이 좋습니다. 명함 한 장에 실린 이미지만으로 작업 의뢰가 들어오기도

하므로, 명함에 사용할 이미지는 세심하게 선택해야 합니다.

형압 명함

후가공 중 하나인 형압은 고급스러우면서도 질감을 더하여 홍보 효과를 극대화할 수 있습니다. 음각과 양각의 효과를 동시에 줄 수 있는 형압 명함은 질감 효과에 포인트를 주며, 대표 이미지를 사용하는 것보다는 심플한 로고나 타이포그래피를 넣는 것이 좋습니다. 깔끔한 디자인에 적절하게 형압 처리를 한다면 효과적으로 클라이언트에게 어필할 수 있습니다.

양면 명함

작가의 대표 이미지를 양면에 사용함으로써 시선을 끌 수 있습니다. 양면 명함은 받은 사람에게 작은 작품 하나를 받았다는 느낌을 줍니다. 이미지를 사용하는 만큼, 선명도와 종이 선택에 신경 써야 합니다. 종이 선택에 따라서 이미지의 느낌이 많이 달라지므로 자신의 그림과 잘 맞는 종이를 선택해야 합니다. 종이를 직접 보고 선택하려면 작업할 인쇄소에 샘플을 요청할 수 있습니다.

아이디어 명함

아이디어가 돋보이는 명함 한 장은 시선을 끄는 데 획기적인 효과가 있습니다. 그만큼 클라이언트의 눈길을 사로잡을 가능성이 높아집니다. 하지만 그만큼 제작 방법이 까다롭고 비용도 많이 듭니다.

02 / 인쇄 홍보물 만들기

명함뿐만 아니라 우편 홍보물 등도 함께 준비하는 것이 좋습니다. 여러분의 작품을 소개하는 엽서나 카탈로그 등은 클라이언트들에게 디자인 감각을 보여줄 수 있는 추가적인 요소입니다. 기본적인 명함 외에 엽서나 카탈로그 등이 있다면 준비가 되어 있고 실력과 자신감을 갖춘 사람이라는 인식을 심어줄 수 있습니다. 여기에 덧붙여 온라인 홍보도 중요합니다. 디지털 시대에 맞게 SNS 등으로 커뮤니케이션이 이루어지는 경우가 많습니다. 아트 디렉터나 클라이언트와의 미팅이 성공적이었다고 해도 그것만으로 충분하지는 않습니다. 미팅 전후에 온라인 홍보나 관리는 어떻게 하고 있는지 디자이너의 SNS를 방문할 가능성이 있기 때문입니다.

엽서

엽서에도 명함과 같이 자신의 대표 이미지를 수록하는 것이 좋습니다. 엽서는 작업의 스타일이나 분위기를 명확하게 보여줄 수 있는 수단이자 좋은 홍보물이 되기도 합니다. 그래서 한두 장에서부터 많게는 대여섯 장을 한 묶음으로 만들어서 홍보용이나 판매용으로 제작하기도 합니다. 엽서를 홍보용으로 사용하는 데 그치지 않고 판로를 개척하여 판매한다면 클라이언트뿐만 아니라 대중에게도 자신을 알릴 수 있는 기회가 됩니다. 다방면으로 홍보를 하는 것이 결국 일거리 의뢰로 직결되기도 합니다. 엽서는 단면 그림과 양면 그림으로 디자인할 수 있는데 단면 그림으로 제작할 시에는 반대쪽에 연락처와 이메일, 웹사이트, 블로그 등을 기재하는 것이 좋습니다. 양면 그림으로 제작할 시에는 대표적인 이미지 두 컷 정도로 양면을 채우거나 한쪽은 대표 이미지로, 나머지 한쪽은 작은 이미지 여러 컷으로 채웁니다. 이때 작은 이미지의 크기가 지나치게 작아서 작품의 디테일을 확인할 수 없다면 싣지 않는 것만 못하니 주의해야 합니다. 많이 보여주려는 욕심으로 인해 하나도 제대로 보여주지 못하는 실수를 범하지 않아야 합니다.

엽서의 앞/뒷면 _ 정소현

카탈로그

카탈로그 제작의 기본은 콘셉트 결정입니다. 어떤 구성과 레이아웃으로 만들어야 할지, 어떤 종류의 이미지를 사용할지, 몇 컷을 사용할지를 정합니다. 이러한 준비가 완료되었다면 본격적으로 카탈로그에 실릴 이미지를 선정합니다. 자신의 대표적인 이미지를 싣는다면 좋아하는 작품과 잘한 작품을 골라 사용하는 것이 좋습니다. 그리고 비슷한 느낌의 작품만 보여 주는 것보다는 다양한 느낌의 작품을 보여주되 전체적인 조화를 이루어야 합니다. 카탈로그의 장점 중에 하나는 그 자체가 포트폴리오가 될 수 있다는 점입니다. 자유롭게 페이지를 정하고 편집, 구성이 가능하여 정리만 잘해도 멋진 포트폴리오로 사용할 수 있습니다. 이렇게 잘 만든 카탈로그 한 권을 디자이너와 아트 디렉터들에게 배포하거나 기획사나 출판사에 보낸 다면 작품 의뢰를 받을 수 있는 기회가 됩니다.

홍보물 카탈로그 _ 정소현

포스터

포스터는 단 한 장만으로 이목을 집중시켜야 합니다. 그러므로 자신의 작품 중에서 가장 임팩트 있는 최상의 그림을 선택해야 합니다. 필자의 경우 포스터 한 장으로 일러스트 의뢰를 받은 적이 있습니다. 그만큼 효과가 있다는 뜻이지요. 이렇게 만든 포스터는 각종 전시나 홍보에 사용하거나 인터넷이나 전시회에서 판매하기도 합니다. 이때 연락처나 이메일, 웹사이트 등을 기재하는 것을 잊어서는 안 됩니다.

홍보 전시물 포스터 _ 정소현

03

일감 찾기

에디토리얼 분야의 특징

여러분이 일러스트레이션을 처음 시작할 때 가장 먼저 접하는 분야가 에디토리얼 분야, 즉 신문과 잡지 분야일 것입니다. 대부분의 일러스트레이터가 에디토리얼 분야에서 작업한 후 출판, 디자인, 광고 등의 분야로 넘어갑니다. 일부 출판이나 디자인 분야에서 먼저 경험을 쌓은 후 에디토리얼 분야를 나중에 접하는 경우도 종종 있습니다. 하지만 에디토리얼 분야에서 일을 시작하는 것을 추천합니다. 일러스트레이션이 주기적이면서도 반복적으로 사용되기 때문입니다. 다시 말해 대부분의 신문은 일간지 형태이고, 잡지는 월간지로 발행되므로 고정적으로 일러스트레이션이 사용됩니다. 따라서 일러스트레이터 입장에서는 안정적으로 일을 할 수 있다는 장점이 있습니다. 구체적으로 에디토리얼 분야의 특징에는 어떤 것들이 있는지 살펴보겠습니다.

경험 쌓기

분야를 막론하고 사회에 첫발을 디딘 후 첫 직장 생활은 이후의 경력에 매우 중요합니다. 이런 점에서 에디토리얼 분야에서의 출발은 일러스트레이터에게 경력을 쌓을 수 있는 좋은 기회입니다. 국내에서 발행되는 일간지, 주간지 등을 모두 합치면 대략 수천 개가 넘습니다. 즉 에디토리얼 분야에서 어느 정도 경험을 쌓아 실력과 자신감을 가질 수 있고, 이를 바탕으로 다른 분야에 도전했을 때 더 수월할 것입니다. 일반 기업에서 신입 사원보다 조금이라도 경력이 있는 사람을 선호하는 이유와 같습니다. 완전히 동일한 업무는 아니더라도 비슷한 일을 경험한 사람에게 일을 맡겼을 때 수월하게 진행되는 것과 비슷합니다. 에디토리얼 분야의 경력은 다른 분야의 클라이언트에게 조금이나마 자신의 신뢰도를 높일 수 있습니다.

빠듯한 마감일

에디토리얼 분야를 처음 접할 때 주의할 사항이 있습니다. 마감 기간이 여유롭지 않다는 것입니다. 매일 발행되는 일간지에 고정적으로 일러스트레이션이 들어간다는 가정하에 여러분은 하루에 한 번 관련 작업을 해야 합니다. 이런 경우가 흔한 것은 아니지만 날마다 관련 작업을 한다면 적지 않은 스트레스에 시달릴 수 있습니다. 그러므로 에디토리얼 요청이 들어왔을 때 일의 주기나 간격 등을 감안해 신중하게 결정해야 합니다. 일이 들어왔다고 덥석 수락하여 나중에 마감 기한을 제대로 지키지 못하면 클라이언트로부터 신뢰를 잃게 됩니다. 그러므로 여러 가지 상황을 충분히 감안한 후 결정해야 합니다. 급한 마음에 성급한 결정을 했다가는 일러스트레이터로서 실망스러운 오점만 남길 수 있습니다.

에디토리얼 분야의 정보 얻기

주위에서 많은 에디토리얼 매체를 찾아볼 수 있습니다. 여러분이 일상적으로 방문하는 편의점, 신문 가판대, 대형 서점 등에 수많은 신문과 잡지가 비치되어 있습니다. 편의점이나 신문 가판대에서는 신문과 잡지에서 어떤 일러스트레이션을 사용하는지 확인하는 것이 어렵기 때문에 대형 서점을 방문하는 것이 좋습니다. 대형 서점의 경우 비닐 포장이 되어 있는 잡지라도 샘플북을 두어 내용을 직접 확인할 수 있습니다. 또 다른 방법으로는 다양한 형태의 책과 간행물 등을 볼 수 있는 헌책방을 방문하는 것입니다. 헌책방에는 오래된 책부터 불과 1개월 전 잡지까지 다양한 책을 저렴한 가격에 판매합니다. 굳이 구입하지 않더라도 천천히 구경하면서 일러스트레이션 등을 확인할 수 있습니다.

월간 과학 잡지 〈과학쟁이〉에 실린 일러스트레이션 _ 정소현

다양한 에디토리얼 매체를 통해 어떤 일러스트레이션이 사용되는지 확인했다면, 직접 구매하여 가까이 두고 학습하는 것도 좋습니다. 좋아하는 사람을 자꾸 봐야 기억에서 잊히지 않는 것처럼, 소장하여 보면 일러스트레이션에 대한 관심도 한층 커질 것입니다. 자신이 좋아하는 일러스트레이션이 실린 신문이나 잡지를 발견하면 하나씩 모아서 목록을 만드는 것도 좋습니다. 다양한 신문, 잡지를 보면서 에디토리얼 매체의 공통점과 차이점을 확인함으로써 사고의 폭도 넓힐 수 있을 것입니다. 그런 와중에 새로운 아이디어가 떠오를 수도 있고, 최신 트렌드나 기법 등도 파악할 수 있습니다.

잡지 분야의 특징

에디토리얼 분야의 대표격인 잡지사에는 일러스트레이션을 담당하는 디자이너가 있습니다. 이러한 담당 디자이너 중에서 디자인실을 총괄하는 가장 직급이 높은 디자이너를 디자인 실장, 디자인 디렉터, 아트 디렉터 등으로 부릅니다. 이들은 해당 잡지의 특정 지면에 어떤 일러스트레이션 이미지가 들어가야 가장 적합한지 판단하고, 최종적으로 결정합니다. 물론 각 지면을 담당하는 디자이너가 있어서 본인이 맡은 지면에 어떤 이미지가 좋은지 의견을 내거나 제안을 합니다. 제안에 대한 판단은 디자인 디렉터의 몫이며 적절하다고 판단하면 승인되고, 그렇지 않다면 새로운 의견을 요구하거나 논의를 통해 합리적인 결론을 도출합니다.

창의성을 강조하는 디자인실이라고 해서 각 담당자에게 모든 권한이 주어지지 않습니다. 엄연한 직장이고 위계질서가 있기 때문에 최종적으로는 디자인실 총괄자가 결정합니다. 일반 직장처럼 평사원이 좋은 아이디어나 제안을 해도 이를 수용하는 것은 상사의 권한입니다. 그러므로 잡지사와 일하기 위해 일러스트레이션 관련 포트폴리오를 보내려면 디자인 실장에게 보내는 것이 가장 효과적입니다.

잡지사의 연락처는 잡지의 앞이나 마지막의 판권 페이지에서 확인할 수 있습니다. 발행인과 회사 주소, 기자, 편집장의 이름, 이메일 주소 등이 있고 디자인 실장과 디자이너의 전화번호도 함께 실려 있습니다. 필자는 무작정 포트폴리오를 보내는 것보다 전화를 하거나 메일로 간단한 소개와 함께 미팅을 제안하는 것이 좋은 방법이라고 생각합니다. 그래야 조금이라도 자신을 어필할 수 있는 기회가 생기고, 상대방에게도 적극적인 이미지를 전달할 수 있습니다. 성의껏 준비한 포트폴리오를 미팅을 통해 전달했을 때 디자인 실장의 마음에 들어 의외로 일이 순조롭게 풀릴 수도 있습니다.

혹여 미팅이 원만하지 않고, 채택되지 않았다고 의기소침하거나 주눅 들 필요는 없습니다. 대부분의 일러스트레이터가 첫발을 내디딜 때 경험하는 일이니까요. 처음부터 잘하는 사람은 거의 없습니다. 실패를 통해 하나씩 배우고 경험을 쌓으면서 성장하는 법입니다.

출판 분야의 특징

누구나 집에 책 한두 권은 가지고 있을 것입니다. 책을 펼쳐보면 분야에 따라 차이는 있지만 다양한 이미지의 일러스트레이션이 있습니다. 근래에 발간된 책일수록 다양하면서도 독특한 개성으로 시선을 끄는 일러스트레이션이 많이 사용됩니다. 과거에는 디자인이나 이미지에 대한 관심이 상대적으로 적었던 탓에 출판사들 역시 텍스트 위주의 책을 발행했습니다. 70~80년대에 나온 텍스트만 빽빽한 책들을 쉽게 떠올릴 수 있을 것입니다. 그러다 보니 읽기 어렵고 부담스럽기까지 합니다.

책에 실린 일러스트레이션은 고속도로 휴게소

일러스트레이션이 상대적으로 많이 사용된 책을 보면 전체적인 주제를 좀 더 쉽게 이해할 수 있습니다. 또한 쉬어 가는 재미도 있어 보기에도 편합니다. 고속도로로 비유했을 때 텍스트로만 이루어진 책은 휴게소 하나 없이 쉬지 않고 달려야 하는 도로라면, 일러스트레이션을 적절하게 사용한 책은 중간 휴게소가 있어 피로도 풀고 휴식도 취할 수 있는 고속도로와 같습니다. 이처럼 출판 분야에서 일러스트레이션은 고속도로의 휴게소 같은 역할을 합니다. 전력으로 질주하다가 잠깐 쉬면서 체력을 재충전하는 휴게소처럼, 일러스트레이션은 독자들이

책을 읽으면서 잠깐 머리를 식힐 수 있는
역할을 합니다. 뿐만 아니라 가장 중요한
글의 내용을 좀 더 빠르고 쉽게 이해할 수
있도록 도와주고, 글만으로는 한계가 있는
감정을 전달하기도 합니다. 특히 그림책은
아이들의 상상력과 감성을 위해 그림이 필
수로 사용됩니다. 더욱 최근 시각적인 요
소에 독자들의 관심이 많아지고 있습니다.
그만큼 텍스트 위주의 책보다는 다양한 일
러스트레이션이 함께 실려 있는 책을 선호
하는 경향이 높아지고 있습니다.

창작 그림책 《레오의 특별한 꿈》 _ 정소현

출판사와의 꾸준한 커뮤니케이션

출판 담당자에게 포트폴리오를 전달하기 위해 이메일을 보내거나 직접 출판사를 찾아가 미
팅을 제안할 수 있습니다. 물론 후자의 경우가 흔하지는 않지만 최대한 적극적으로 출판사
클라이언트를 공략하려면 자신의 존재를 확실하게 알리는 것이 좋습니다.

여러 출판사에 포트폴리오를 보냈을 때 한두 곳이라도 연락이 오면 성공한 것입니다. 아예
소식이 없을 수도 있습니다. 하지만 당장의 성과를 바라지 말고 이메일 등을 통해 지속적으
로 내용을 전달하거나 안부 메시지를 보낸다면 언젠가는 의뢰가 들어올 수 있습니다. 포트폴
리오가 마음에 들고 좋은 편인데 다른 일로 바빠서 당장 연락을 못할 수도 있기 때문입니다.
출판 관련 업종은 항상 예정대로 일이 추진되는 것이 아니므로 관계를 돈독하게 유지하면 언
젠가는 좋은 쪽으로 결실을 맺을 수 있을 것입니다.

광고 분야 특징

광고 분야에는 다양한 클라이언트가 있습니다. 외국계 회사, 한국의 대형 광고 업체 등이 있
습니다. 클라이언트마다 어떤 일러스트레이션을 사용하는지 알아보려면 디자인 및 광고 관
련 잡지를 참고하면 됩니다. 이러한 잡지에는 디자인 및 광고 회사의 명단과 함께 아트 디렉

터도 소개하고 있어 실질적으로 도움이 되는 정보를 확인할 수 있습니다.

광고 에이전시와 접촉하려면 우선적으로 아트 바이어를 만나는 것이 좋습니다. 아트 바이어는 아트 디렉터가 광고를 만드는 데 필요한 일러스트레이션이나 사진 등을 구입하는 일을 전문적으로 담당합니다. 아트 바이어는 최근 어떤 일러스트레이션이나 스타일이 유행하고 있는지 트렌드를 잘 파악하고 있습니다. 또한 아트 디렉터들이 작업을 할 때 필요한 것이 무엇인지 조언하고 지원하는 역할도 수행합니다.

광고 회사의 작업 의뢰 방식

광고 회사의 크리에이티브팀은 대개 아트 디렉터와 카피라이터로 조직되어 있습니다. 광고주의 제작 의뢰서를 받으면 크리에이티브팀은 해당 제품을 어떤 방법으로 표현해서 광고 효과를 극대화할지 여러 차례 논의 과정을 거칩니다. 팀원들은 미팅을 통해 광고에 가장 적절하다고 판단되는 일러스트레이션을 찾은 후 아트 바이어에게 해당 작가의 포트폴리오를 받아볼 수 있도록 요청합니다. 제품에 맞는 일러스트레이션을 찾지 못했다면 아트 바이어에게 콘셉트를 설명하여 적합한 포트폴리오를 요청하기도 합니다.

적합한 일러스트레이터를 찾으면 아트 바이어는 클라이언트가 원하는 대로 작업을 수행할 수 있을지 확인하기 위해 일러스트레이터에게 샘플을 요구합니다. 상황에 따라 밑그림 정도만 요구하거나 완성된 샘플을 요청하기도 합니다. 여러분은 광고주의 요구에 성의 있는 태도로 샘플을 만들어 보내면 됩니다. 제출한 포트폴리오와 샘플은 프레젠테이션에 사용되며, 작품이 실제 광고에 사용될지는 광고주와 에이전시의 뜻에 달려 있습니다.

결정은 광고주나 에이전시가 하지만 일반적으로 아트 바이어는 광고 회사와 오랜 기간 일을 해왔기 때문에 이들의 의견을 존중하며, 수용하는 경우가 많습니다. 그러므로 아트 바이어와 긴밀한 관계를 유지해야 더 많은 기회를 얻을 수 있습니다. 아트 바이어와 친분을 쌓으면 아트 디렉터가 어떤 일러스트레이션을 선호하는지에 대한 중요한 정보를 파악할 수 있습니다.

인천국제공항 미디어아트 광고에 사용된 일러스트레이션 _ 정소현

기타 일거리 찾기

일러스트레이션 외주를 주는 업체를 찾기 위해 다양한 분야의 업체 목록을 판매하는 회사를 활용할 수 있습니다. 구매한 목록을 통해 외주를 의뢰하는 사람들에 대한 정보를 알 수 있으며 해외 온라인 데이터베이스도 확인할 수 있습니다. 일정한 비용이 들지만 일러스트레이터로서 발전하고 경험을 쌓는 데 도움이 된다는 점을 감안하면 활용해보길 추천합니다.

백화점 옥외 광고에 사용된 일러스트레이션 _ 정소현

클라이언트와 미팅에 임하는 자세

아트 디렉터나 클라이언트와의 미팅 일정이 결정되면 많은 신경을 써야 합니다. 우선적으로 절대 약속에 늦지 않도록 미리 준비하고 먼저 가서 기다리는 여유가 필요합니다. 급하게 준비하다 보면 분명 다른 부분에서 실수가 생기기 마련입니다. 여유롭게 미팅 장소에 도착한 후 옷매무새부터 포트폴리오까지 꼼꼼히 살펴보면서 상대방에게 준비성이 철저한 프로라는 인상을 심어줘야 합니다. 혹시라도 급작스러운 일이 생겨 늦게 된다면 사전에 미리 연락을 취해서 사정을 설명한 후 동의를 구해야 합니다. 그렇지 않고 늦는다면 기껏 찾아온 기회가 수포로 돌아갈 수 있습니다. 여러분의 시간이 소중한 만큼 상대방의 시간도 소중하다는 것을 잊지 마세요. 미팅을 입사 면접이라고 생각하고 임해야 합니다.

클라이언트에게 지켜야 할 예의

미팅에서는 자신의 포트폴리오에 대해 자신감을 가지고 겸손하게 설명해야 합니다. 건방지거나 오만하다는 인상을 주지 않아야 하며, 불안한 모습으로 설명한다면 상대방에게 확신과 신뢰를 주기 힘듭니다. 또한 허풍이나 허세를 부리는 것도 삼가야 하며, 일을 따내기 위해 안달하는 태도를 보이는 것도 좋지 않습니다. 실력이 부족하기 때문에 그런 행동을 취하는 것이라는 인상을 심어줄 수 있기 때문입니다. 아트 디렉터나 클라이언트는 해당 분야에서 오랜 기간 경력을 쌓은 베테랑으로 일러스트레이터의 실력을 가장 우선한다는 점을 잊지 말아야 합니다.

다음으로 상대방의 시야에 자신의 포트폴리오가 너무 가까워서 전체를 파악하기 어렵거나 반대로 너무 멀어서 디테일을 보기에 어렵지 않도록 적절한 간격을 두고 설명하여야 합니다. 보통 처음 만났을 때 그 사람의 태도에서 첫인상이 결정된다는 점을 감안하면, 미팅은 여러분의 매력과 장점을 십분 발휘할 수 있는 절호의 기회입니다.

마지막으로 미팅이란 자리가 매우 중요하지만 거기에 너무 집착하지 말아야 합니다. 최상의 결과를 얻기 위해 최선을 다하되, 미팅을 당장 일거리를 얻기 위한 자리로 생각하기보다 향후 좋은 관계를 구축할 수 있는 발판으로 삼아야 합니다.

미팅을 통한 정보 획득

미팅은 자신의 작품을 알리고 소개하는 자리이면서 동시에 최신 트렌드와 업계 정보를 얻을 수 있는 기회이기도 합니다. 불과 한두 시간이지만 아트 디렉터와 클라이언트를 통해 자신의 일러스트레이션에 관심이 많은 사람들이 어떤 부류이며 누구인지 파악합니다. 타깃층을 좁히고 좀 더 효과적으로 마케팅할 수 있기 때문입니다. 또한 클라이언트의 일러스트레이션에 대한 관심도와 좋아하는 작품, 현재 트렌드 등을 질문해 답변을 얻는 것도 도움이 될 것입니다.

> 🏆 성공을 부르는 핵심 **TIP**
> 포트폴리오 못지않게 아트 디렉터나 클라이언트를 만날 때 중요한 것이 명함입니다. 명함의 중요함은 앞에서 여러 차례 언급했습니다. 수많은 일러스트레이션을 접하고 많은 일러스트레이터를 만난 아트 디렉터나 클라이언트라면 여러분의 명함에 담긴 디자인 감각이나 노력을 빠르게 파악할 수 있을 것이므로, 클라이언트와의 미팅 자리에서의 명함은 포트폴리오 못지않은 역할을 할 것입니다.

항상 트렌드에 맞춰 가는 모습

광고 분야의 클라이언트는 최신 트렌드를 추구하고 항상 사람과의 소통을 중요시합니다. 그러므로 지금 만나고 있는 일러스트레이터가 얼마나 트렌드와 소통에 신경을 쓰는지 궁금해 할 것입니다. 따라서 홈페이지, 블로그, 트위터, 페이스북 등을 통해 자신의 작품을 홍보하고 항상 변화를 추구하는 모습을 보여주는 것이 좋습니다. 고인 물은 썩는다는 말처럼 일러스트레이터로서 현실에 안주하지 않고 대중들과 항상 소통하고 호흡해야 합니다. 특히 홈페이지나 블로그 등에 멋진 디지털 포트폴리오를 올려 둔다면 방문자들도 호의적인 반응을 보이고, 클라이언트들도 긍정적인 인상을 받을 것입니다.

PART 04

BX 디자이너
포트폴리오 전략

PREVIEW

Follow Your Dream, No Matter What

"꿈을 좇아라, 그것이 무엇이든지"

브랜드 경험(Brand eXperience) 디자이너 정승환

브랜드 디자인, 브랜드 경험 디자인이란?

브랜드 경험(BX, Brand eXperience) 디자인이란 브랜드를 동일하게 인식시킬 수 있는 심벌, 로고 등과 같은 시각적 이미지뿐만 아니라, 다양한 매개체를 활용한 시각, 청각, 촉각 등 공감각적인 경험을 동반하며 브랜드의 아이덴티티를 소비자에게 지속적으로 인식시키는 디자인을 말합니다.

브랜드 아이덴티티를 기반으로 사용자의 접점(Touch Point)을 다양하게 고민하고, 그 과정 속에서 공간, 프로덕트, 그래픽, 영상 등 전방위적인 채널을 통해 일정한 브랜드 언어를 보여주어야 합니다. 또한 브랜드의 경험을 통해 가치를 전달해야 합니다. 브랜드 경험 디자인은 기존에 없던 새로운 장르의 디자인이 아닙니다. 브랜드 마케팅 디자인에서 소비자에게 일괄적인 경험을 제공해야 할 필요성이 강조되면서 디자인과 시대의 흐름에 따라 발전된 하나의 디자인 양상입니다. 브랜드 경험 디자인은 산업 · 시각 디자인 분야의 다양한 요소들이 브랜드라는 하나의 구심점을 가지고 종합적으로 기능하는 디자인 장르입니다. 또한 온 · 오프라인의 제조업과 IT 서비스 모든 분야에서 필수적인 디자인이기도 합니다.

내가 하고 싶은 디자인을 한다는 것

'디자인'이라는 장르의 특성상, 이 분야를 여러분이 선택하는 시점은 내가 하고 싶은 것에 대해 스스로 인지하고 준비를 시작한 후입니다. 먼저 자신이 하고 싶은 일을 선택한 것에 대해 칭찬과 응원, 격려를 아낌없이 보냅니다. 그리고 '왜' 디자인을 선택하게 되었는지를 다시 한 번 스스로에게 묻기를 권합니다. 세상을 살아가면서 내가 하고 싶은 일이 있다는 것, 꿈이 있다는 것이 얼마나 가치 있는 것인지에 대해 말하고 싶습니다.

필자는 건축을 전공하고 난 후 디자인 분야에 관심을 가져 남들보다 늦은 시점에 산업디자인을 공부하였습니다. 디자이너로서 사회생활을 시작하면서도 디자인 분야를 더욱 심화하기 위해 시각 및 브랜드 디자인을 지속적으로 공부하였습니다. 스스로 원하는 것을 선택하고 노력하는 사람에게 '늦었다'는 말은 어울리지 않습니다. 필자 역시 디자이너로 그 꿈을 현재 진행형으로 실천하고 있습니다.

현재 디자인이라는 분야는 너무나 광범위하고 장르 간 경계가 허물어져 다양한 장르가 어우러져 있습니다. 브랜드 디자인에서 나아가 산업·시각 디자인으로도 이어지고 있습니다. 따라서 하나의 전공에 맞춰 해당 분야의 디자인에만 초점을 맞추어 디자인하기가 어렵습니다. 그럼에도 이 글을 읽는 분들 중에는 디자인에서도 단 하나의 분야를 선택하고 싶을지 모릅니다.

디자이너라는 직업을 선택하는 데 있어서, 더 나아가 삶의 새로운 전환점을 맞고 있을 시점에서 '왜 이것을 선택했는가'라는 동기부여는 중요합니다. 스스로를 노력하게 하고, 가치 있는 삶으로 나아가게 만들기 때문입니다.

내가 되고 싶은 디자이너가 된다는 것

하고 싶은 일을 스스로 인지했다면 목표의 크기에 상관없이 원하는 미래가 생길 것입니다. 내가 가고 싶은 곳을 찾게 되고, 목표가 완성되기 위한 밑그림이 그려집니다. 디자이너에게 있어 포트폴리오란, 바로 이 밑그림의 시작점과 같습니다.

필자도 디자인을 시작하면서 처음부터 어떠한 디자인을 하고 싶은지 명확히 정리하고 시작한 것은 아닙니다. 디자인을 시작하는 다른 이들도 그러할 것이고, 사회로 나가면 이러한 고민이 심해질 것입니다. 하지만 이는 너무도 당연하고, 그 고민에서 내가 원하는 디자이너로서의 길을 얻을 수 있습니다. 다양한 디자인 분야에 직접 관심을 갖고 접하여 느낀 점은 시간이 지나면서 나타나기 시작할 것입니다. 브랜드 및 브랜드 경험 디자이너를 희망하고 있다면 단순히 브랜드 디자인에만 관심 갖지 말고, 산업·시각 디자인 분야를 바탕으로 정치, 경제, 사회, 문화 등 다방면에 관심을 두고 디자인에 임하길 바랍니다. 그러면서 스스로 디자인에 임하는 가치관을 만들어 나가길 바랍니다. 그 가치관이 여러분의 디자인에 스며들었을 때, 자신의 삶에 동화되었을 때, 후배들에게 자랑스러운 디자이너가 되어 있을 것입니다. 새롭게 시작하는 시점에서 자신이 스스로 하고 싶은 것을 찾아 삶을 선택한 여러분들은 충분히 용기 있고 멋집니다. 이 모습으로 힘차게 시작하길 응원하겠습니다.

CHAPTER 01

타깃 정하기

브랜드 혹은 브랜드 경험 디자이너로서 포트폴리오를 제작하기에 앞서 가장 먼저 해야 할 일은 방향을
설정하는 것입니다. 브랜드와 브랜드 경험 디자이너는 크게 기업의 인하우스 디자이너, 에이전시 및
소규모 스튜디오 디자이너, 1인 디자이너로 나눌 수 있습니다. 이러한 큰 부류 안에서 회사 타깃을 정하는
것이야말로 포트폴리오의 시작 단계이며, 첫걸음입니다.

기업의 인하우스 디자이너

포트폴리오 기본 다지기

UX/UI 디자이너 포트폴리오 전략

기업의 인하우스 디자이너는 일반적으로 기업의 팀에 소속되어 담당 분야에 관련된 업무를 수행하는 디자이너를 말합니다. 브랜드 경험 디자인 분야가 시각디자인과 브랜드 디자인 영역에서 확장되면서 그에 따른 포지션도 늘어났습니다. 공간, 제품, 서체, 영상, 서비스, 사용자 경험 등 여러 분야에 대한 영향력도 확대되고 있습니다. 대기업, 중견기업, 중소기업, 스타트업 등은 각 산업 분야에 맞게 다양한 디자인 포지션을 요구하고 있습니다.

기업의 인하우스 디자이너가 되기 위해서는 지원하고 싶은 기업의 업종과 세부 정보를 확인해야 합니다. 어떠한 형태의 직군이 있으며, 자신이 할 수 있는 분야가 무엇인지 파악해야 합니다. 그에 따라 필요한 콘텐츠를 고려하여 카테고리를 구성하고, 요구되는 능력과 포트폴리오를 준비해야 합니다.

국내	원티드	www.wanted.co.kr	워크넷	www.work.go.kr
	잡코리아	www.jobkorea.co.kr	스카우트	www.scout.co.kr
	인크루트	www.incruit.com	리멤버	www.rememberapp.co.kr
	사람인	www.saramin.co.kr	인디드	kr.indeed.com
	커리어	www.career.co.kr	하이브레인넷	www.hibrain.net
	잡플래닛	www.jobplanet.co.kr	크레딧잡	www.kreditjob.com
국외	월드잡	www.worldjob.or.kr	피플앤잡	www.peoplenjob.com
	리크루트	www.recruit.net	링크드인	www.linkedin.com

▲ 기업의 채용 관련 정보를 알 수 있는 웹사이트

인하우스 디자이너 포트폴리오 전략

BX 디자이너 포트폴리오 전략

이외에도 각 지자체에서 운영하는 채용 정보 사이트들도 있습니다. 하지만 채용 사이트에 올라오는 정보를 확인하여 포트폴리오를 만드는 것을 추천하지 않습니다. 등록된 채용 정보에 맞춰 정해진 시간 안에 만들다 보면 차별화된 포트폴리오를 만들기가 어렵습니다. 아이디어와 계획, 그에 따른 표현이 제한받기 때문입니다. 이는 디자이너로서 경쟁력이 떨어짐과 동시에 방향성을 잃어 실패가 뒤따를 수 있습니다. 개성을 필요로 하는 디자인 직업의 특성을 잘 파악하지 못하고 시작하여, 디자이너로서의 정체성을 잃지 않도록 주의해야 합니다.

즉, 단순히 채용 공지가 올라오기만을 기다리며 수동적으로 준비하는 자세보다 더 적극적인 자세를 취해야 합니다. 일정한 시간을 들여서 원하는 디자인 직종과 지원할 곳을 찾아 맞춤형 포트폴리오을 만들어야만 경쟁력을 키울 수 있습니다. 그렇게 해야 비로소 여러분이 원하는 결과를 얻을 수 있는, 완성도 높은 포트폴리오를 만들 수 있습니다.

디자인DB(디자인네트워크-채용정보)	www.designdb.com
디자인정글	www.jungle.co.kr/community/talktalk
디자이너잡	www.designerjob.co.kr
디자인잡	www.designjob.co.kr
파인드디자인	www.finddesign.co.kr

▲ 디자이너 구인구직 정보가 있는 웹사이트

국내		국외
디자인DB(디자인네트워크 -공모전, 전시 · 행사)	www.designdb.com	www.dexigner.com
디자인정글	www.jungle.co.kr	www.coroflot.com
디노마드	www.dnmd.com	www.commarts.com
디자인하우스	www.designhouse.co.kr	www.core77.com
디자인	mdesign.designhouse.co.kr	www.designboom.com
디자인소리	www.designsori.com	www.graphis.com

▲ 디자인 관련 공모, 전시, 행사 등의 정보를 찾을 수 있는 웹사이트

국내	국외
www.red-dot.org	www.oneshow.org
www.idsa.org/IDEA	www.liaawards.com
ifdesign.com	www.dandad.org
www.sparkawards.com	asiadesignprize.com
www.german-design-award.com	mdesign.designhouse.co.kr/award/award
competition.adesignaward.com	www.kdesignaward.com
www.idesignawards.com	award.kidp.or.kr
www.commarts.com/competitions	www.pinup.or.kr
www.oneshow.org	ideafestival.cheil.co.kr
www.g-mark.org	contest.hsad.co.kr
ux-design-awards.com	adawards.ad.co.kr
tdc.oneclub.org	www.adstars.org
www.canneslions.com / www.canneslions.co.kr	www.i-award.or.kr
clios.com/awards	naward.or.kr
www.newyorkfestivals.com	

▲ 국내외 디자인 어워드 정보를 찾을 수 있는 웹사이트

일차적인 기업 정보나 구인구직 정보는 채용 관련 사이트를 통해 알아볼 수 있습니다. 각 기업의 홈페이지를 직접 방문하여 조직 구성, 업무 소개, 기업에 대한 상세 정보를 파악해야 합니다. 해당 기업과 관련된 기사를 검색해보고, 잡지나 책, SNS 등에서 추가 정보도 놓치지 않아야 합니다. 그리고 기업 문화나 작업 환경, 근로 조건, 처우 조건 등을 조사하고, 디자이너로서의 비전이 있는지를 판단해야 합니다. 채용과 구인구직이라는 표현을 공식적으로 사용하고 있지만 그 이전에 디자이너로서 '진로'라는 개념으로 접근하기를 바랍니다. 지금부터 대기업, 중견기업, 중소기업, 스타트업으로 나누어 인하우스 디자이너의 세부적인 특징을 알아보겠습니다.

대기업의 인하우스 디자이너

대기업의 인하우스 디자이너는 대부분 새로운 상품 또는 서비스 등을 출시하기 위하여 세부적으로 각 파트마다 전문 분야를 나누어 수행합니다. 즉, 보다 전문적이고 집중적으로 업무를 수행합니다. 프로젝트가 진행되면 개인의 역할을 넘어 팀으로 움직이고, 보다 조직적인 업무가 이루어집니다. 또한 에이전시나 스튜디오와 파트너 프로젝트를 진행하는 경우도 많습니다. 그러한 경우에는 직접적으로 디자인에 참여하기보다는 진행을 관리하고, 검수, 검안 등 에이전시나 스튜디오와의 커뮤니케이션을 중점적으로 하게 됩니다. 그러므로 본인이 원하는 기업을 찾아 지원할 때는 그곳에서 자신이 수행할 수 있는 역할은 무엇인지, 디자인 팀의 조직 구성과 규모는 어떻게 되는지, 주 업무와 진행되는 프로젝트의 성향은 어떤지, 자

신이 하게 될 일과 그로 인해 쌓아갈 수 있는 비전은 무엇인지를 찾아보아야 합니다. 동종 업계의 지인이나 그 기업에 대한 경험이 있는 멘토가 있다면 직접 만나서 정보나 조언을 듣는 것이 좋습니다. 그게 여의치 않다면 기업의 인사 담당자에게 메일을 보내거나 Q&A 게시판에 글을 남겨 직접 질문을 할 수도 있습니다. 끝으로 본인이 원하는 분야와 관련된 세미나나 워크숍, 교육 등에 참여하면 선배 디자이너들과 만나고 교류할 수 있는 기회를 가질 수 있습니다. 그러한 기회가 있다면 적극적이며 열린 마음으로 참여하는 것이 좋습니다.

중견기업의 인하우스 디자이너

중견기업의 인하우스 디자이너는 대기업의 디자이너보다 프로젝트의 전반에 직접적인 역할을 수행합니다. 새로운 제품이나 서비스 등이 출시되기까지의 전 과정을 가까이서 경험할 수 있는 기회도 많습니다. 물론 중견기업에서도 에이전시나 스튜디오와의 파트너십을 맺어 프로젝트를 진행하는 경우도 있습니다. 그러므로 디자인 능력과 함께 다양한 역량이 필요합니다.

중견기업을 지원할 때는 그곳에서 주력으로 개발하고 있는 것들이 무엇인지를 파악하고, 자신이 수행할 수 있는 역할이 무엇일지를 고민합니다. 또한 동종 업계의 경쟁 상대를 알아보고 앞으로의 비전을 파악합니다. 동시에 지인이나 멘토로부터 정보를 얻는 것이 좋습니다. 그리고 기업의 인사 담당자에게 메일을 보내거나 Q&A 게시판 등을 활용하여 정보를 꾸준히 얻어야 합니다.

중소기업의 인하우스 디자이너

중소기업의 업무나 프로젝트는 대기업과 중견기업보다 세분화되어 있지 않습니다. 그러다 보니 디자이너의 역할도 더욱 광범위합니다. 디자인을 개발하는 과정에서부터 검수, 검안, 관리 및 사후 처리까지 다양한 과정을 경험할 뿐 아니라 외적인 업무까지 요구되는 경우도 있습니다. 또한 에이전시나 스튜디오와의 협업이 거의 없고 자체로 개발, 진행되는 경우가 다수입니다. 그러므로 디자이너의 잠재적인 능력과 함께 실질적으로 프로젝트에 바로 투입될 수 있는 능력을 중시합니다.

중소기업의 경우 새로 진행되는 프로젝트의 향방이 기업의 미래에 영향을 크게 미칩니다. 그러므로 얼마나 자주 신제품이나 서비스 등이 출시되는지, 주 수입원이 되는 제품이나 서비스 등이 무엇인지를 파악해야 합니다. 그래야 여러분이 이 기업에서 일할 때 앞으로의 비전을 예측하기가 좋습니다. 현재 기업이 진행하는 프로젝트의 현주소가 앞으로 채워질 여러분의 포트폴리오에 직접적인 영향을 줄 것입니다.

스타트업의 인하우스 디자이너

최근 다양한 분야에서 스타트업이라는 형태로 기업이 생겨나고 빠른 시간 안에 성장하고 있습니다. 중소기업의 초기 모습과 큰 차이가 없지만, 기업 문화와 조직의 구조가 크게 다르며 빠른 의사결정과 실행력으로 변화가 빠른 것이 특징입니다. 이에 따른 소속 구성원의 역할 또한 빠르게 변합니다. 초기에는 중소기업의 인하우스 디자이너와 비슷한 양상으로 에이전시나 스튜디오와의 협업 없이 자체로 개발, 진행되는 경우가 많습니다. 디자이너의 역할이 광범위하며, 디자인의 전 과정과 외적인 업무 역량까지 요구되기도 합니다. 또한 기업이 빠르게 성장하는 과정에서 조직과 구성원 역할 또한 빠르게 달라집니다.

최근에는 쿠팡, 배달의민족, 토스 등과 같은 국내 스타트업 사례가 두드러지며, 스타트업에서 커리어를 이어나가길 희망하는 디자이너도 늘어나고 있습니다.

기업의 인하우스 디자이너를 목표로 하는 디자이너라면 대기업, 중견기업, 중소기업, 스타트업 등에 맞는 디자이너의 역할과 역량을 파악하고, 타깃을 명확하게 해야 효과적인 포트폴리오를 만들 수 있습니다.

02 / 에이전시 디자이너

에이전시는 디자인 개발 및 리뉴얼 프로젝트 등의 사례 연구, 선행 디자인 연구, 시제품 개발, 제작, 서비스 런칭 및 홍보 등의 일을 의뢰 받아 수행하는 디자인 전문 회사를 일컫습니다. 대체로 조직 규모가 작아서 소그룹 단위로 프로젝트를 진행하며, 프로젝트 진행 기간은 보통 3~6개월 정도로 빠르게 진행됩니다. 따라서 빠르게 진행되는 상황에 대응하는 유연한 자세가 필요하며, 실무 중심의 프로세스가 중시되므로 아이디어를 표현할 수 있는 3D 및 2D 프로그램을 다루는 스킬도 기본적으로 요구됩니다.

최근의 에이전시는 기업과의 파트너십을 맺거나 컬래버레이션하여 상품 또는 서비스를 디자인합니다. 다양한 아이디어의 제품군을 개발하고 판매, 유통까지 참여하는 형태도 늘어나고 있습니다. 더하여 웹이나 모바일 네트워크 등을 이용해 불특정 다수로부터 자금을 모아 개발하는 크라우드 펀딩 또는 소셜 네트워크 서비스(SNS)를 통한 소셜 펀딩을 이용하여 개발하기도 합니다. 이를 통해 하도급 방식의 디자인 업무에서 벗어나 개발, 생산, 보급, 유통에 걸친 전반적인 경험을 할 수 있으며, 그만큼의 역량을 쌓을 수도 있습니다.

국내

www.landor.com	www.kascope.com	www.sundbergferar.com
www.lnterbrand.com	www.lunar.com	www.hers.co.jp
www.lippincott.com	www.oneandco.com	www.anonymous.com
www.futurebrand.com	www.newdealdesign.com	www.daylightdesign.com
www.brandunion.com	www.whipsaw.com	www.pensanyc.com
www.ndc.co.jp	www.ziba.com	www.worrell.com
www.brody-associates.com	www.metaphys.jp	www.antennadesign.com
www.sagmeisterwalsh.com	www.pilotfish.eu	www.teague.com
www.ideo.com	www.smartdesignworldwide.com	www.worrell.com
www.carbondesign.com	www.containermade.com	www.nendo.jp/en
www.designworksusa.com	www.industrialfacility.co.uk	www.antennadesign.com
www.frogdesign.com	www.astrostudios.com	www.seymourpowell.com
www.fuseproject.com	www.bould.com	www.deloittedigital.com
www.mnml.com	www.nendo.jp/en	www.grapheine.com
www.droga5.com	www.pentagram.com	www.rga.com

국외

www.total-impact.net	www.pentabreed.com	www.teaminterface.com
www.plus-ex.com	www.inpix.com	www.pxd.co.kr
www.cloudand.co.kr	www.pulipinc.com	www.vinylc.com
theswna.com	www.sampartners.co.kr	www.designfever.com
bkid.co	www.sodiumpartners.com	www.kobalt60.com
www.cyphics.com	www.designblue.co.kr	www.dstrict.com
www.212design.co.kr	www.brandncompany.com	www.emotion.co.kr
www.innodesign.com	www.d-note.co.kr	www.dfy.co.kr
www.designgoth.com	www.metabranding.com	www.magnumvint.com
www.minimalist.kr	www.perception.co.kr	contentformcontext.com
huskyfox.com	form-function.kr	v-w.co.kr
hivelab.co.kr	doubledot.co.kr	www.batcrew.co.kr
thewatermelon.com	203x.co.kr	www.spaceoddity.me

▲ 산업, 브랜드 디자인 에이전시

03

스튜디오, 프리랜서 디자이너

스튜디오는 보통 에이전시와 비슷한 성향의 프로젝트를 진행합니다. 프리랜서 디자이너의 경우는 기업과의 단일 프로젝트나 소규모 기업 프로젝트를 직접 연계하여 작업하는 경우가 많습니다. 프리랜서 디자이너와 스튜디오를 한 카테고리에 묶은 이유는 대부분의 작업물에는 스튜디오나 프리랜서 디자이너의 성향이 짙게 표출된다는 공통점 때문입니다. 최근에 늘어나고 있는 프리랜서 디자이너는, 프로젝트를 도급 형태로 수행하는 개념에서 벗어나 자신만의 개성과 아이디어를 상품화하여 직접 유통까지 하는 하나의 브랜드를 만들기도 합니다. 큰 틀로 보았을 때 프리랜서에서 스튜디오의 형태나 기업으로 발전하는 맥락을 보여주고 있습니다.

www.karimrashid.com	jaspermorrison.com	oimu-seoul.com
www.sagmeisterwalsh.com	www.marc-newson.com	mykc.kr
naotofukasawa.com	www.tomdixon.net	zero-lab.co.kr
www.plusminuszero.jp	layerdesign.com	www.joonghochoi.com
www.mikeandmaaike.com	saworl.com	leejaemin.net
www.studio-hinrichs.com	kkotsbom.com	www.lmntcompany.com
www.kataokadesign.com	www.sulki-min.com	studiofnt.com
www.isabelarodrigues.org	chaebyungrok.com	propa-ganda.co.kr
www.andreaponti.com	ohseven.co.kr	veryjoonoh.com
www.starck.com	sukyoony.com	everyday-practice.com

▲ 국내외 디자인 스튜디오와 독립 디자이너 스튜디오

www.kmong.com
www.wishket.com
www.soomgo.com
www.idus.com

www.loud.kr
www.designcircus.co.kr
www.freemoa.net
www.wadiz.kr

▲ 프리랜서 관련 정보가 있는 웹사이트

스튜디오의 특징

스튜디오는 한두 명의 주 디자이너가 이름을 내걸고 운영하는 경우가 많습니다. 그만큼 주 디자이너의 스타일이 묻어나는 작업이 대부분입니다. 기업과의 컬래버레이션이 이루어지기도 하고, 기업의 새로운 상품의 크리에이티브 방향을 제시하기도 합니다. 자동차, 가전제품에서부터 패션, 액세서리, 소품, 휴대폰과 같은 IT 기기, 서비스 등 폭넓고 다양한 분야의 작업을 진행할 수 있습니다.

스튜디오 디자이너로 지원하고 싶다면 철저하게 주 디자이너의 성향을 파악해야 합니다. 그리고 해당 스타일이 자신이 원하는 디자인 스타일인지를 확인해야 합니다. 스튜디오는 스튜디오가 가진 스타일을 원해서 클라이언트로부터 협업 제안을 받는 경우가 많습니다. 따라서 주 디자이너의 성향과 여러분의 디자인 관점 및 스타일이 일치할 때 시너지가 발생합니다. 기업에 지원할 때 기업 문화를 파악하고 지원하는 것처럼, 스튜디오는 주 디자이너들의 스타일과 성향을 파악하는 것이 필수입니다.

프리랜서 디자이너의 특징

프리랜서 디자이너는 개인이 기업의 공개 입찰이나 직접 의뢰 등을 통해 프로젝트 도급을 진행하거나, 개인의 투자, 지원 사업 등을 통해서 개인 콘텐츠를 브랜드화합니다. 직접 개발을 진행하는 프리랜서 디자이너의 경우, 개발 및 생산 유지와 유통이 쉽도록 인테리어 소품, 액세서리, 문구 등 스케일이 비교적 작은 디자인부터 시작합니다. 규모 자체가 작기 때문에 별도의 디자이너를 두고 작업하는 형태는 흔치 않습니다. 무엇보다 1인이 여러 가지 업무를 수행해야 하기 때문에 상품도 홍보하고, 유통망도 관리하는 등 사업을 진행하고 추진하는 데 있어 디자인 이외의 역량이 필요합니다.

CHAPTER 02

자료 조사

포트폴리오를 활용할 분야와 진로의 방향성을 정했다면, 이제는 포트폴리오의 내용을 효과적으로
구성하고 표현하기 위한 자료 조사가 필요합니다. 우선 자신의 프로젝트들을 파악하고 점검하기 위한
약식 포트폴리오를 만듭니다. 그리고 디자이너로서 목표하는 분야에 지원하기 위해 무엇을 보완해야
할지를 파악합니다. 정식 포트폴리오 제작에 앞서 프로젝트 보완점을 파악했다면, 다음으로 자신이 원하는
분야의 기업 및 에이전시 등이 선호하는 포트폴리오를 확인하고 현재 활동하는 다양한 디자이너들의
포트폴리오 자료들을 수집하고 분석합니다. 자료 조사에서는 여러 자료를 찾을 수 있는 방법과 조사한
자료에서 포트폴리오의 디테일과 성향, 트렌드 등을 파악하여 어떻게 자신의 포트폴리오에 적용할 것인지
구상합니다. 자신에게 적합한 방법을 통해 타깃에 정확하게 맞춘, 경쟁력 있는 포트폴리오를 준비하기를
바랍니다.

무엇이 부족한지
파악하라

자료를 조사하기 위해서 가장 중요한 것은 내가 필요로 하는 것이 무엇인지 알아야 합니다. 필요한 것이 무엇인지를 정확히 파악하는 것이야말로 정확한 정보를 찾아낼 수 있는 단서를 제공하기 때문입니다. 우선 여러분의 현재 상황을 파악하는 데 필요한 것은 자신의 포트폴리오입니다. 구체적으로 자신의 콘텐츠를 파악하는 방법을 알아보겠습니다.

프로젝트를 파악하기 위한 포트폴리오 정리

▲ 프로젝트를 파악하기 위한 포트폴리오 _ Creatiview Project

프로젝트를 파악하기 위한 포트폴리오란 현재 디자이너로서 자신의 프로젝트를 확인하고 분석하기 위해 필요한 포트폴리오입니다. 여러분이 가지고 있는 콘텐츠가 무엇인지 카테고리

별로 나눈 후 부족한 점은 무엇인지, 구성에 있어서 추가로 필요할 것은 없는지를 파악해야 합니다.

단 페이지로 요약하기

자신을 위한 포트폴리오는 프로젝트를 단 페이지로 최대한 간략하게 요약합니다. 메인 이미지와 프로젝트 제목, 작품 제목, 설명, 결과물의 특징이나 스펙(사이즈, 재질, 컬러, 툴) 등을 정리합니다. 팀워크로 이루어진 함께 참여한 구성원에 대한 간단한 설명과 자신이 참여한 부분과 참여도 등도 함께 기재합니다. 이렇게 정리해두면 언제든지 정보를 재구성하는 것이 수월하며, 신뢰성 있는 정보를 전달할 때나 포트폴리오를 업데이트할 때도 효과적입니다.

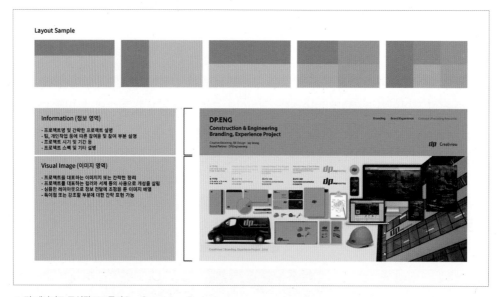

▲ 단 페이지로 구성된 포트폴리오 _ Creatiview Project

카테고리에 따른 분류

보유한 프로젝트를 단 페이지로 정리하고 해당 프로젝트가 지원하려는 분야의 어느 카테고리에 해당하는지 검토합니다. 예를 들어 현재 가지고 있는 콘텐츠의 카테고리를 전체 브랜드 신규 개발, 브랜드 리뉴얼, 브랜드 경험 전략 등으로 분류하거나, 로고 디자인, 키 비주얼 디자인, 서체 디자인, 편집 디자인, 패키지 디자인, 공간 디자인, 영상 디자인 등으로 나눌 수도 있습니다. 카테고리를 나누는 기준은 지원하려는 분야와 업종, 직종 등에 맞추어 나누고 보완하는 것이 효과적입니다.

자신을 위한 포트폴리오는 프로젝트를 정리하는 작업으로 처음 포트폴리오 만들기에 도전하는 디자이너이나 현직 디자이너에게도 지속적으로 필요합니다. 디자인을 하면서 쌓이는 작업들을 주기적으로 업데이트하여 정리하고 부족한 부분을 보완하면서 경쟁력을 키워 나가야 합니다.

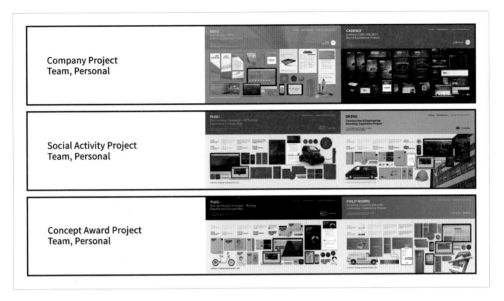

▲ 자신의 기준에 맞게 카테고리별로 구분한 포트폴리오 _ Creatiview Project

02 / 브랜드 디자인 사례를 수집하고 분석하라

자신의 프로젝트들을 파악한 후에는 자신의 포트폴리오의 전체를 구성하고 보완하기 위하여 필요한 자료를 찾아야 합니다. 산업체와 연계된 프로젝트, 국내 공모전 및 글로벌 어워즈 등에서 진행된 프로젝트, 학교와 기관, 기업 등에서 실시하는 교육 프로그램이나 브랜드 서포터즈 및 온·오프라인의 홍보 활동, 봉사 활동 등에서 진행된 프로젝트들을 찾아보며 자신의 포트폴리오의 개선점을 발견합니다. 다양하게 수집한 자료들은 곧 훌륭한 포트폴리오를 만드는 열쇠이기도 합니다.

www.behance.net	www.wired.com
www.coroflot.com	www.graphis.com
www.notefolio.net	www.core77.com
www.designboom.com	www.dexigner.com
www.yankodesign.com	www.designtaxi.com
www.dezeen.com	www.tuvie.com

▲ 포트폴리오 및 기타 디자인 관련 정보를 알 수 있는 웹사이트

기업의 상업적 아이덴티티 개발

Wyd Group

클라이언트	프로젝트명	디자인 개발사	프로젝트 유형
Wyd Group	Wyd Brand Identity	Grapheine	Brand Identity, Renewal

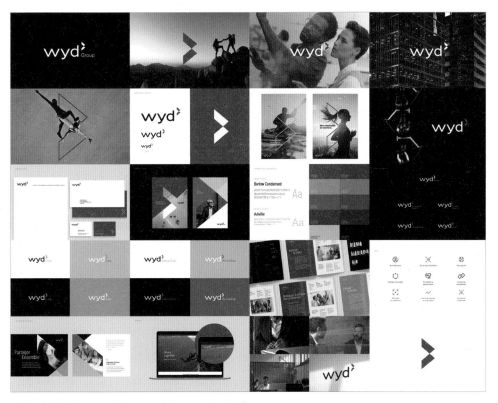

▲ Grapheine Homepage(www.grapheine.com/portfolio)

Wyd 그룹의 리브랜딩 프로젝트입니다. 'What You Deserve'라는 뜻을 가진 Wyd 그룹은 프랑스 파리의 중심가인 샹젤리제 거리에 위치한 채용 대행사입니다. 비즈니스 서비스를 확장하면서 기존 로고타이프에서 'W'를 90도 기울여 앞으로 나아가는 이중 화살표로 만들었습니다. 단순하면서도 상징성 있는 리뉴얼 디자인입니다. Wyd의 리뉴얼된 시각적 아이덴티티는 새로운 브랜드 아키텍처를 제공하며 브랜드 접점마다 미니멀하게 표현되고 있습니다.

Vocus

클라이언트	프로젝트명	디자인 개발사	프로젝트 유형
Vocus	Vocus Brand Identity	Future Brand	Brand Identity, Renewal

▲ FutureBrand Homepage(www.futurebrand.com/our-work)

Vocus는 호주, 뉴질랜드 및 아시아 태평양 지역에 서비스를 제공하는 국제 기술 기업입니다. 호주에서 가장 빠르게 성장하는 회사 중 하나로, 운영하는 광섬유 네트워크는 커뮤니티, 기업 및 정부의 미래 요구 사항을 충족하기 위해 특별히 구축되었으며 지속적으로 발전하고 있습니다. Vocus 기업은 더 깊이 있는 전문 지식, 고객을 더 멀리 데려가는 네트워크, 고객을 더 가깝게 만드는 관계를 통해 'Brilliant Simplicity'라는 브랜드 아이디어를 개발하였습니다. 또한 이 아이디어는 선구적인 사람들, 세계적 수준의 네트워크, 통제와 용이함으로 정의되는 고객 경험, 명료한 비즈니스를 반영하고 있습니다. 시각적 존재감과 개성이 더해진 세련된 로고는 일반적인 광섬유 케이블의 단면을 나타내는 문자 'O'와 함께 음성 비즈니스에서 광섬유 전문가로서의 Vocus 기업 의지를 보여줍니다.

MasterCard

클라이언트	프로젝트명	디자인 개발사	프로젝트 유형
Mastercard	Mastercard Brand Identity	Pentagram	Brand Identity, Renewal

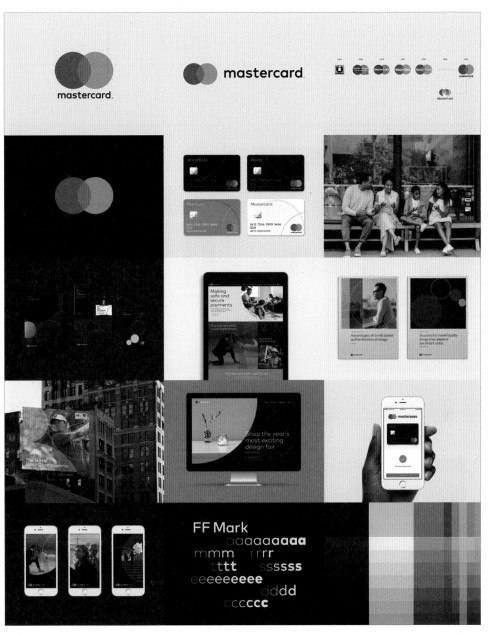

▲ Pentagram Homepage(www.pentagram.com/work)

마스터카드 브랜드 아이덴티티 리뉴얼 프로젝트입니다. 마스터카드의 상징적인 레드와 옐로우 컬러의 두 원이 교차되는 로고는 세계에서 가장 인정받는 브랜드 디자인 중 하나입니다. 1968년부터 유지되고 있는 원형은 마스터카드의 브랜드 메시지인 '값을 매길 수 없는 가능성'을 전달합니다. 또한 어둡지만 따뜻한 회색을 사용하여 중립성을 보여줍니다. 오렌지 컬러는 레드와 옐로우 컬러가 교차되며 나타나고, 맞물리는 원을 강조한 아이덴티티는 단순성과 명확성을 제공합니다. 또한 디지털 환경에 최적화되어 리뉴얼되었습니다.

Maison Leonie Paris

클라이언트	프로젝트명	디자인 개발사	프로젝트 유형
Maison Leonie Paris	Maison Leonie Paris Brand Identity	Grapheine	Brand Identity Development, Storytelling, Packaging

▲ Grapheine Homepage(www.grapheine.com/portfolio)

인도 페이스트리의 전통과 프랑스의 노하우를 결합한 Léonie Paris의 스토리텔링, 브랜드 아이덴티티 및 패키지 프로젝트입니다. 밤하늘은 Léonie 이야기의 배경입니다. 별은 Léonie Paris의 아이덴티티의 강력한 상징적 요소입니다. 이 별은 Léonie 캐릭터의 초상화와 워드마크 모두에서 등장합니다. 비주얼 아이덴티티의 구성 요소인 일러스트레이션은 별이 빛나는 하늘 아래 옆모습의 Léonie를 묘사하며 꿈 꾸는 어린 소녀의 이미지를 직접적으로 연상시킵니다. 진한 블루 컬러는 따뜻한 여름밤, 별이 빛나는 하늘을 떠올리게 합니다. 밝고 활기찬 오렌지 컬러는 인도의 매운맛을 상징하며 이 두 가지 컬러의 조화는 전체적으로 강렬하면서도 우아함을 전달합니다.

Walmart

클라이언트	프로젝트명	디자인 개발사	프로젝트 유형
Walmart	Walmart Brand Identity	Lippincott	Brand Identity, Renewal

▲ Lippincott Homepage(www.lippincott.com/work)

월마트 브랜드 아이덴티티 리뉴얼 프로젝트입니다. 월마트 브랜드를 매장 내 요소에 적용하여 일상 속 스마트한 선택과 행복을 전달합니다. 새로운 아이덴티티는 직관적인 쇼핑 경험을 강조하며, 현대적이면서도 친근한 매장에서의 쇼핑 경험으로 이어지도록 계획되었습니다.

Swarovski

클라이언트	프로젝트명	디자인 개발사	프로젝트 유형
Swarovski	Swarovski Shifting the center of gravity for a 125 year old icon	Lippincott	Brand Identity, Renewal

▲ Lippincott Homepage(www.lippincott.com/work)

125년의 역사를 가진 스와로브스키의 브랜드 이미지를 개선하기 위한 프로젝트입니다. 스와로브스키의 새로운 제품과 프리미엄 라인을 바탕으로 새로운 비즈니스의 미래를 보여줍니다. 새로운 로고와 시각적 아이덴티티, 스토어 전략, 고객 경험, 캠페인 등에서 대표 이미지를 연출하였습니다.

Nespresso

클라이언트	프로젝트명	디자인 개발사	프로젝트 유형
Nespresso	Nespresso The Future of Coffee Experiences	FutureBrand	Brand Identity, Brand Experiences

▲ FutureBrand Homepage(www.futurebrand.com/our-work)

세계에서 가장 성공적인 글로벌 식음료 브랜드 중 하나인 Nespresso는 독창성과 우수성을 확립하기 위해 제품 및 포장 디자인을 개발하였습니다. 고객 경험 및 충성도를 향상시키기 위한 럭셔리 코드의 글로벌 브랜드 세계관을 개발하였습니다. Nespresso Club은 소비자들이 명품 브랜드를 단순히 사용하는 것이 아니라 그 일부가 되기를 원한다는 통찰력을 바탕으로 평균 30% 이상의 성장률을 보이는 글로벌 브랜드로 활약하고 있습니다.

Starbucks

클라이언트	프로젝트명	디자인 개발사	프로젝트 유형
Starbucks	Starbucks Finding a new, Global face	Lippincott	Brand Identity, Renewal

▲ Lippincott Homepage(www.lippincott.com/work)

스타벅스 브랜드 아이덴티티 리뉴얼 프로젝트입니다. 스타벅스는 창립 40주년을 맞이하여 고객 경험과 글로벌 브랜드의 시각적 표현을 재해석하였습니다. 비전을 명확히 하면서도 사이렌을 단순화하고 머리카락의 물결과 꼬리의 줄무늬에서 영감을 얻은 사이렌의 패턴을 활용하였습니다.

박물관, 극장, 공연장, 축제 등의 아이덴티티 개발

클라이언트	프로젝트명	디자인 개발사	프로젝트 유형
Yayoi Kusama Artist	Yayoi Kusama Museum Identity	NDC	Museum Identity Development

▲ NDC(Nippon Design Center) Homepage(www.ndc.co.jp/works)

쿠사마 야요이 뮤지엄의 비주얼 아이덴티티 프로젝트입니다. 아방가르드 아티스트인 쿠사마 야요이의 서명에서 영감을 받아 비주얼 아이덴티티를 디자인하였습니다. 로고타이프와 도트 패턴을 활용해 개관 기념 전단지부터 브로슈어, 명함, 봉투, 티셔츠, 쇼핑백, 픽토그램까지 일관성 있게 쿠사마 야요이의 개성을 보여주고 있습니다.

Cooper Hewitt Smithsonian Design Museum

클라이언트	프로젝트명	디자인 개발사	프로젝트 유형
Cooper Hewitt Smithsonian Design Museum	Cooper Hewitt Smithsonian Design Museum Identity	Pentagram	Museum Identity, Signage & Environmental Graphics, Digital Design, Naming

▲ Pentagram Homepage(www.pentagram.com/work)

쿠퍼 휴잇 스미소니언 디자인 뮤지엄의 브랜드 아이덴티티로 쿠퍼 휴잇 서체와 네이밍으로 이루어진 워드마크는 박물관의 다양한 곳에서 활용되었습니다. 쿠퍼 휴잇 서체는 박물관의 그래픽 전체에 사용될 뿐 아니라 대중에게 무료로 제공하여 브랜드의 친근함을 높이기 위하여 노력하고 있습니다.

Saint-Etienne Opera

클라이언트	프로젝트명	디자인 개발사	프로젝트 유형
Saint-Etienne Opera	Saint-Etienne Opera Brand Identity	Grapheine	Theater Identity, Renewal

▲ Grapheine Homepage(www.grapheine.com/portfolio)

생테티엔 오페라 하우스의 브랜드 아이덴티티 프로젝트입니다. 새로운 브랜드 리뉴얼을 통해 단순하고 대중적인 커뮤니케이션을 강조하여 친밀감을 더하였습니다. 이를 위해 "Opéra Theatre"라는 이름을 포기하고 "Opéra de Saint-Étienne"는 새로운 네이밍을 차용하였습니다. 주요 시각적인 요소로 오페라 하우스의 필수적인 건축 요소인 건물의 지붕이 'E'자 위에 지붕으로 자리 잡았고, 큰 'O'자 모양은 오페라 아리아를 부르는 입과 놀라움, 감탄, 기쁨 등과 같은 감정을 연상시킵니다. 이러한 특징을 다양한 시각 매체에 적용하여 흥미로움과 친근한 이미지를 제공합니다.

Chatelet, Musical Theater of Paris

클라이언트	프로젝트명	디자인 개발사	프로젝트 유형
Chatelet, Musical Theater of Paris	Chatelet Brand Identity	Grapheine	Theater Identity, Renewal

▲ Grapheine Homepage(www.grapheine.com/portfolio)

샤틀레, 파리 뮤지컬 극장의 브랜드 아이덴티티 프로젝트입니다. 파리 문화의 상징적인 장소인 Theatre Musical de Paris - Châtelet는 2년간의 리노베이션과 함께 시각적 아이덴티티의 현대화를 계획하였습니다. 디지털 미디어 매체에서 유동적으로 활용할 수 있도록 음향적이고 리드미컬한 콘셉트를 유지하였습니다. 또한 반응성을 강조한 현대적인 이미지로 탈바꿈 하였습니다.

London Design Festival

클라이언트	프로젝트명	디자인 개발사	프로젝트 유형
London Design Festival	London Design Festival 2021 Brand Identity	Pentagram	Festival Identity Development, Signage & Environmental Graphics

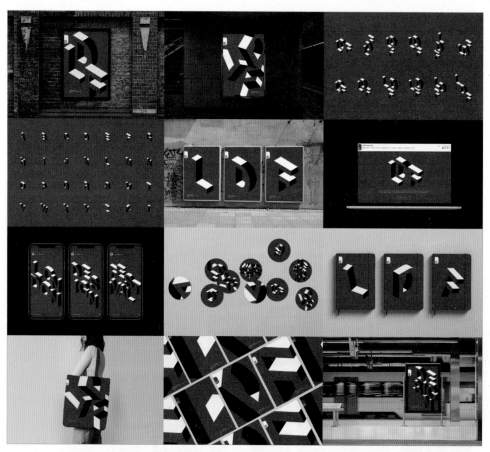

▲ Pentagram Homepage(www.pentagram.com/work)

2021 런던디자인페스티벌의 브랜드 아이덴티티로 사이니지 및 환경 그래픽 프로젝트입니다. 세계적으로 코로나19가 대유행한 이후 런던 디자인 비엔날레 다음으로 런던에서 열린 주요 디자인 행사였습니다. London Design Festival의 역할은 런던을 세계 디자인 수도로 기념하고 홍보하는 것입니다. 2021년 페스티벌의 아이덴티티는 '형태'에 대한 아이디어와 그래픽 언어로 번역한 물리적인 글자체에서 비롯되었습니다. 런던디자인페스티벌이 그동안 보여주었던 친숙한 레드와 화이트 컬러 팔레트에 블랙 컬러를 사용하여 유형을 강조하고 아이덴티티에 3차원적 공간감을 보여줍니다.

London 2012 Olympic Games

클라이언트	프로젝트명	디자인 개발사	프로젝트 유형
London 2012 Olympic Games	London 2012 Olympic Games Brand Identity	FutureBrand	Olympic Identity Development

▲ FutureBrand Homepage(www.futurebrand.com/our-work)

2012년 런던 올림픽과 패럴림픽에서 하나의 'Look'을 통해, 간판, 실내 장식, 티켓, 메달 리본, 선수 전용 자동차 등 올림픽의 모든 요소에 적용할 아이덴티티 시스템을 개발한 프로젝트입니다. 런던 올림픽은 180만 명의 사람들이 2,000만 장의 티켓을 신청하는 기록을 세우며 상업적으로 큰 성공을 거두었습니다.

도시, 기관 등의 아이덴티티 개발

Annecy

클라이언트	프로젝트명	디자인 개발사	프로젝트 유형
Annecy	Annecy City Identity	Grapheine	City Identity, Renewal

▲ Grapheine Homepage(www.grapheine.com/portfolio)

안시(Annecy)의 도시 아이덴티티 개발 프로젝트입니다. 오트사부아(프랑스 남동부의 주)에 주도인 "Annecy"의 네이밍은 호수와 산 근처의 탁월한 생활 환경이라는 이미지에서 비롯되었습니다. 이름이 본질적으로 삶의 질에 대한 가치를 담고 있으므로 로고타이프로 단순하게 전달하는 전략을 선택하였습니다. 도시의 시각적 아이덴티티의 주요 과제는 쉽게 전달하는 것입니다. 이러한 맥락에서 로고타이프의 시그널링은 매우 중요합니다. 오트사부아의 경제 중심지로서 국제적으로 인정받는 표식이자 이 영토의 가치를 담은 "사보이의 십자가" 상징을 활용함으로써 단순명료하며 강력한 아이덴티티가 되었습니다.

French National Research Institute for Sustainable Development

클라이언트	프로젝트명	디자인 개발사	프로젝트 유형
French National Research Institute for Sustainable Development	IRD Visual Identity	Grapheine	Visual Identity, Concept Proposal

▲ Grapheine Homepage(www.grapheine.com/portfolio)

IRD는 과학 및 기술 연구를 통해 인간의 지속 가능한 삶을 발전시키는 것을 목표로 하는 연구 기관입니다. IRD라는 글자가 커지고 원이 완성되는 로고는 마치 세상의 부족한 부분을 채우는 듯한 이미지를 연상시킵니다.

Osaka Metro

클라이언트	프로젝트명	디자인 개발사	프로젝트 유형
Osaka Metro	Osaka Metro Visual Identity	NDC	Visual Identity Development

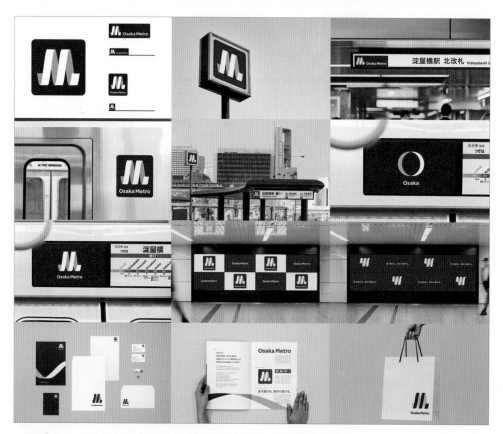

▲ NDC(Nippon Design Center) Homepage(www.ndc.co.jp/works) 〈04_02_020〉

오사카 메트로의 비주얼 아이덴티티 프로젝트입니다. 로고는 브랜드 콘셉트이자 기업의 슬로건이기도 한 'Change to Run'을 전달합니다. 역동적인 나선 형태(움직이는 M)는 오사카의 'O'와 메트로의 'M'을 조합하여 활기찬 도시 오사카와 계속 달리는 열차의 역동성을 나타냅니다.

Paris Convention and Visitors Bureau

클라이언트	프로젝트명	디자인 개발사	프로젝트 유형
Paris Convention and Visitors Bureau	Paris Convention and Visitors Bureau Visual Identity	Grapheine	Government Identity

▲ Grapheine Homepage(www.grapheine.com/portfolio)

파리 관광청의 비주얼 아이덴티티 프로젝트입니다. 파리의 스카이라인을 연상시키는 타이포그래피와 에펠탑을 직접적으로 연상시키는 'A' 글자가 합쳐져 미니멀한 로고타이프가 완성되었습니다. 다양한 컬러와 일러스트레이션과 함께 활용된 로고타이프는 파리를 더욱 다채롭고 예술적으로 표현합니다.

03

지원할 곳의 디테일과 성향을 파악하라

포트폴리오를 제출할 곳을 정한 후 충분한 자료를 모았다면, 이제는 목표한 회사의 세부적인 요소와 성향을 파악하여 포트폴리오를 만드는 단계입니다. 가장 먼저 인터넷 검색을 통해서 해당 기업의 정보와 홈페이지를 찾습니다. 우선적으로 해당 기업의 홈페이지에 업로드된 온라인 포트폴리오를 통해 어떠한 분야의 프로젝트를 진행하여 왔는지 혹은 어떠한 클라이언트, 파트너사와 프로젝트를 진행하였는지, 또한 최근에 진행된 프로젝트들은 어떠한 유형들이었는지, 프로젝트 전체 프로세스가 어떻게 진행되었는지를 확인합니다.

기업의 프로젝트를 통한 성향 파악 – 오프라인 중심으로

기업들은 자신들의 프로젝트를 온·오프라인에서 다양하게 노출합니다. 먼저 오프라인의 경우에는 팝업 스토어나 해당 브랜드의 체험 공간 등을 기획하여 소비자들이 프로젝트나 브랜드를 자연스럽게 경험할 수 있도록 만듭니다. 또한 많은 사람이 모이는 페스티벌, 비엔날레, 박람회 등에 참여하여 자신들의 부스나 스폰서십을 통해 프로젝트를 소개하기도 합니다. 기업의 체험 공간 및 팝업 스토어 등을 통하여 소비자와 소통하는 사례로 세계적인 모빌리티 브랜드로 도약하고 있는 현대자동차의 현대모터스튜디오(Hyundai Motor Studio), 기아자동차의 기아 360(KIA 360), 아이웨어 브랜드로 시작하여 단기간에 글로벌한 인지도와 혁신적인 모습을 보여주며 MZ 세대에게 각광 받는 브랜드 젠틀몬스터(Gentle Monster), 브랜드 탬버린즈(Tamburins), 국내 디자인 관련 행사 중 가장 크고 인기 있는 서울디자인페스티벌

(Seoul Design Festival) 사례를 소개합니다. 링크를 통해 더 자세한 정보를 얻을 수 있습니다.

현대모터스튜디오(Hyundai Motor Studio)

현대모터스튜디오는 현대자동차가 만든 브랜드 경험 공간입니다. '사람을 움직이는 수단에서 마음을 움직이는 공간으로'라는 비전을 바탕으로 고객들에게 자동차뿐만 아니라 예술과 첨단 기술, 환경과 미래를 연결시키는 새로운 시선을 제시합니다. 전시와 체험들을 통해 흥미로운 감정과 특별한 경험을 제공하며 서울, 고양, 하남, 부산, 베이징 등에 각기 다른 공간이 존재합니다.

▲ Hyundai Motor Studio (www.motorstudio.hyundai.com)

기아 360(KIA 360)

기아 360은 새로운 모빌리티 라이프와 기아의 새로운 브랜드 및 디자인 철학 등을 제시하는 브랜드 경험 공간입니다. 차체에 흐르는 공기의 움직임을 표현한 외부 파사드 디자인은 기아의 새로운 브랜드 컬러인 미드나잇 블랙과 폴라화이트가 적용된 7,553개의 모듈로 이루어져 있습니다. 360°로 펼쳐진 트랙을 중심으로 영감을 주는 움직임을 상징하는 8,800개의 모듈을 활용한 내부 인테리어가 인상적입니다. 세 가지로 나누어진 내부는 기아의 브랜드와 디자인 철학을 소개하는 Brand & Design Zone과 다가올 전기차(EV, Electric Vehicle) 시대에 맞춘 커넥티드 모빌리티 라이프와 지속 가능한 미래를 소개하는 EV Life Zone, 기아의 드라이버를 위한 다양한 체험 공간인 Kia User Zone으로 구성되어 있습니다.

▲ KIA 360 (kia360.kia.com)

젠틀몬스터(Gentle Monster)

젠틀몬스터는 개성이 강하고 미래지향적인 비주얼로 MZ 세대에게 각광 받는 국내의 아이웨어 브랜드입니다. 2021년 기준 전 세계 30개국 400여 매장에 진출하였으며, 기업 가치 1조 원이 넘는 파워브랜드로 성장한 글로벌 브랜드입니다. 이 브랜드의 공간은 예술 작품과 첨단 기술의 결합을 통해 미래지향적인 비주얼을 제공합니다. 특별함을 추구하는 젊은 고객들에게 새로운 브랜드 경험을 제공하며 충성도 높은 브랜드로 거듭나고 있습니다.

▲ Gentle Monster (www.gentlemonster.com/kr/store)

탬버린즈(Tamburins)

젠틀몬스터가 만든 코스메틱 브랜드인 탬버린즈는 젠틀몬스터와 비슷하게 개성이 넘치는 비주얼로 MZ 세대를 타깃으로 만든 브랜드 경험 공간입니다. 팝업 스토어가 아닌 전시 공간을 방문한 듯한 경험을 선사합니다.

▲ Tamburins(www.tamburins.com/store)

서울디자인페스티벌(Seoul Design Festival)

서울디자인페스티벌은 '디자이너 프로모션'을 모토로 디자이너, 브랜드, 기업들과 함께 국내외 디자인의 동향을 선보이고 국내 디자인 경쟁력을 강화하기 위해 2002년 처음 개막하였습니다. 20년 동안 총 2천 개 이상의 브랜드가 프로모션을 진행하였고, 5천 명이 넘는 디자이너를 배출하였으며, 누적 관람객이 118만 명이 넘는 대한민국 대표 디자인 전시 중 하나입니다.

런던디자인페스티벌(London Design Festival)
런던디자인비엔날레(London Design Biennale)
파리메종오브제(Maison & Objet Paris)
밀라노디자인위크(Milan Design Week)
칸국제광고제(Cannes International Advertising Festival)
클리오광고제(Clio Awards)
뉴욕페스티벌(New York Festivals)

아트바젤(Art Basel) Basel / Miami Beach / Hong Kong
서울디자인위크(Seoul Design Week)
광주비엔날레(Gwangju Biennale)
부산디자인위크(Busan Design Week)
타이완디자인엑스포(Taiwan Design Expo)
타이페이국제아트페어(Taipei International Contemporary Art Fair)
도쿄디자인페스타(Tokyo Design Festa)

▲ 국내외 아트 및 디자인 분야의 다양한 대규모 행사

▲ Seoul Design Festival (www.seoul.designfestival.co.kr/sdf/history)

기업의 프로젝트를 통한 성향 파악 – 온라인 중심으로

온라인에서는 기업, 프로젝트, 특정 집단의 정체성을 보여주는 홈페이지들을 쉽게 접할 수 있습니다. 또한 크리에이티브 콘텐츠를 공유하는 플랫폼이나 SNS 등에서 기업 계정을 개설하여 프로젝트들을 주기적으로 업로드하며 소통하기도 합니다. 오프라인 공간과 연계하기도 하며 최근에는 3D, 4D 요소와 융합하거나 증강현실, 메타버스를 활용한 다양한 형식으로 콘텐츠를 전개하고 있습니다.

홈페이지를 통한 회사 정보 파악

일반 기업, 에이전시, 스튜디오 등의 홈페이지에서 포트폴리오를 확인할 때 최신 프로젝트들이 지속적으로 업데이트되고 있는지와 현재 사용 중인 홈페이지가 리뉴얼된 연도를 살펴보아야 합니다. 홈페이지의 푸터(Footer)인 하단 기본 정보 영역에 'Copylight' 또는 'All works@' 기업 이름 후에 표기되는 홈페이지 리뉴얼 연도는 얼마나 지속적으로 콘텐츠를 관리하고 있는지를 알려줍니다. 또한 기업의 최근 프로젝트의 작업 연도를 통해서도 파악할 수 있습니다.

기업이 포트폴리오를 지속적으로 업데이트한다면, 이 회사에 콘텐츠를 관리하는 별도의 노력과 프로젝트에 대한 자부심을 확인할 수 있습니다. 프로젝트에 따라서 공개를 하지 않는 경우도 있지만, 다른 이유로 최근에 진행된 프로젝트가 없거나 미비한 회사들은 홈페이지를 개설하고 지속적인 업데이트를 하지 못하기도 합니다. 수익 창출이 중요하여 프로젝트를 금전적 가치 이상으로 신경 쓰지 않는 회사일 수도 있습니다. 이러한 상황은 디자이너가 회사를 선택할 때 판단의 기준이 될 수 있습니다. 본인이 해당 회사에 들어가 일할 때의 상황을 예상할 수 있기 때문입니다. 작은 부분처럼 보이지만 간과할 수 없는 부분입니다.

SNS를 이용한 회사 정보 파악

회사의 홈페이지만큼 그 회사의 정보를 제공하는 매체가 SNS입니다. 최근 대부분의 기업과 에이전시, 스튜디오, 디자이너들은 SNS를 통해 최신의 콘텐츠와 정보를 알리며, 디자인과 관련된 철학과 사고방식 등을 공유합니다.

현재는 필요한 정보들을 발품을 팔아서 얻던 때와는 다릅니다. 회사에서 운영하는 SNS를 통해 현재 진행 중이거나 완성된 프로젝트를 실시간으로 확인할 수 있습니다. 또한 그에 대한 의견을 제시하거나 품평을 할 수도 있습니다. SNS를 통해서 그 회사의 구성원을 찾아보고 그들과 소통할 수 있는 기회 또한 가질 수 있습니다. 회사가 소개하는 디자인 프로젝트나 잡지, 영상, 학술지, 방법론, 워크숍, 컨퍼런스, 어워즈와 단체, 여러 디자인 회사들과 디자이너 및 브랜드 등 다양한 정보들을 훨씬 효율적으로 습득할 수 있습니다. 하지만 정보의 접근이 쉬워진 만큼 경쟁도 치열해졌습니다. 열심히 발품을 팔아야 얻을 수 있었던 정보를 이제는 누구나 클릭 한두 번으로 얻을 수 있기 때문입니다. 그러므로 보다 효과적이며 자신에게 필요한 정보를 얻기 위해서는 구체화된 목표를 가지고 정보에 접근해야 합니다. 그래야 다른 사람보다 더 유용한 자료를 뽑아낼 수 있습니다.

관심 있는 분야의 전문가들을 조사하고, 그들이 활동하고 있는 단체나 기관을 찾아봅니다. 그렇게 찾은 학교나 전공, 학회, 워크숍 등을 통해서 이차적인 정보를 얻습니다. 여기서 말하는 이차적 정보는 학교나 전공에서 협업하는 프로젝트나 커리큘럼, 연구 등을 통해 알게 되는 디자인과 관련된 정보입니다. 이러한 정보들을 통해 우리는 실제 참여 가능한 활동들을 알게 되고, 관련 업계의 종사자나 새로운 디자인 방법론, 최신 분야와 업계의 정보 등을 자연스럽게 접하게 됩니다. 수집한 내용들을 하나하나 직접 확인하고, 더 나아가 그에 맞는 계획과 포트폴리오를 구성해야 합니다.

다음은 온라인 사례로서 유명 브랜드를 개발하고 유수한 브랜드 경험 디자인을 선보인 글로벌 디자인 에이전시, 스튜디오 등의 홈페이지와 SNS 채널을 살펴보겠습니다.

펜타그램(Pentagram)

1972년에 설립된 펜타그램은 영국 런던 본사를 중심으로 뉴욕, 텍사스 오스틴, 베를린 등에 오피스를 둔 글로벌 디자인 스튜디오입니다. 브랜드, 그래픽, 건축, 인테리어, 제품 등 디자인에 관한 광범위한 주제를 다루며 Rolls Royce, Citi Bank, Mastercard, Warner Bros, MIT Media Lab, Verizon, Slack, Expedia Group, Samsung Galaxy, Amorepacific 등 다양한 분야의 기업, 도시, 기관 등의 창의적인 글로벌 프로젝트를 수행하여 왔습니다.

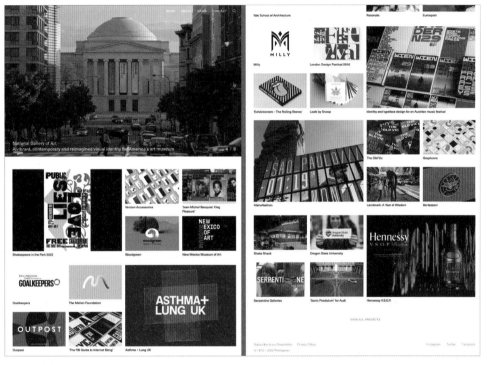

▲ 펜타그램의 홈페이지(www.pentagram.com)

펜타그램의 홈페이지는 1972년부터 최근까지 포트폴리오를 꾸준히 관리하고 있습니다. 모듈 형식의 구조에 대표 섬네일을 중심으로 그동안의 프로젝트를 정리하여 균형감 있는 레이아웃을 연출하고 있습니다. 홈페이지 내에 포트폴리오는 전체 보기뿐만 아니라 클라이언트의 비즈니스 타입이나 업무 성격에 따라 분류하여 확인할 수 있습니다.

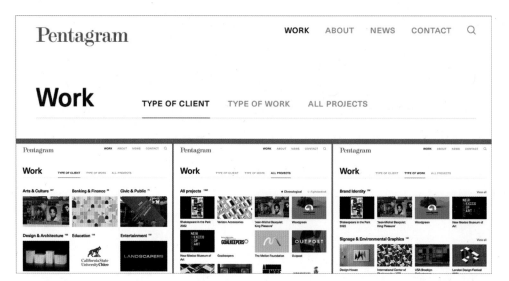

▲ 펜타그램의 포트폴리오 분류 방식(www.pentagram.com/work)

Type of Client (총 18가지 분류)	Arts & Culture / Banking & Finance / Civic & Public / Design & Architecture / Education / Entertainment / Fashion & Beauty / Food & Drink / Healthcare / Hospitality & Leisure / Manufacturing & Industrials / Not-for-Profit / Professional Service / Publishing / Real Estate / Retail / Technology / Transport
Type of Work (총 15가지 분류)	Brand Identity / Signage & Environmental Graphics / Book Design / Campaigns / Data Driven Design / Digital Design / Editorial Design / Exhibition Design / Film & Motion Graphics / Industrial, Product Design / Interiors & Architecture / Naming / Packaging / Sound Design / Typography
All Project	총 1,300여 가지 이상의 전체 프로젝트

▲ 펜타그램 홈페이지의 포트폴리오 분류 방식

펜타그램이 운영하고 있는 SNS는 인스타그램, 트위터, 페이스북 세 종류입니다. 공통적으로 펜타그램의 'P' 이니셜을 레드 컬러의 배경과 화이트 타이포그래피로 표현한 프로필 이미지를 활용합니다. SNS에서는 프로젝트에 대한 최신 소식들을 꾸준히 업데이트하고 있습니다.

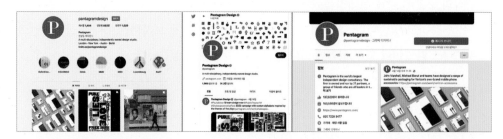

▲ 펜타그램의 SNS(인스타그램_ www.instagram.com/pentagramdesign, 트위터_ www.twitter.com/pentagram, 페이스북_ www.facebook.com/pentagramdesign)

랜도(Landor)

1941년에 설립된 랜도는 미국 캘리포니아 샌프란시스코 본사를 중심으로 미국, 영국, 프랑스, 독일 등 20개국에 26개의 오피스를 둔 글로벌 브랜드 컨설팅 회사입니다. 브랜딩에 대한 수많은 연구와 디자인 및 컨설팅 방법을 개척하였습니다. Apple, Bang & Olufsen, Kellogg's, Lego, Microsoft, Nike, Procter & Gamble 등 글로벌 클라이언트와 협력하며 글로벌 브랜딩 프로젝트를 수행하여 왔습니다.

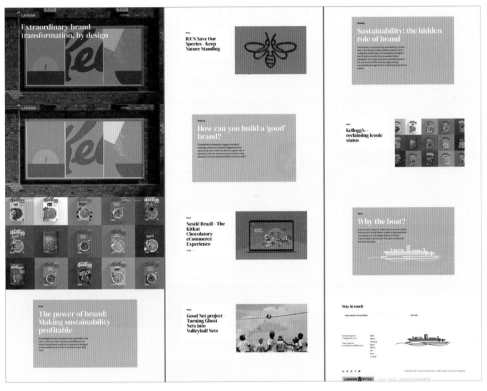

▲ 랜도의 홈페이지(www.landor.com)

랜도의 홈페이지는 랜도를 오랫동안 상징한 옐로우 컬러가 전체 무드를 보여줍니다. 사용자가 스크롤을 내릴 때마다 새로운 화면이 밀려나오는 형식으로 News, Work, Thinking 등의 콘텐츠가 차례로 제공됩니다. 포트폴리오는 클라이언트에 따른 프로젝트를 열람할 수 있거나 Work 카테고리에서 프로젝트 섬네일을 선택하여 확인할 수 있습니다.

▲ 랜도 홈페이지의 포트폴리오 분류 방식(www.landor.com/work)

랜도가 현재 운영하는 SNS는 링크드인, 페이스북, 트위터, 인스타그램, 유튜브까지 다섯 가
지입니다. 유튜브는 독립적으로 콘텐츠를 운영하고 있으며, 나머지 SNS의 경우는 'Landor
& Fitch'라는 네이밍과 '&'자를 연상시키는 프로필 이미지를 공통적으로 보여줍니다. 이러한
다양한 채널을 통해 최신의 랜도 소식들을 꾸준히 업데이트하여 전달하고 있습니다.

▲ 랜도의 SNS(링크드인_ www.linkedin.com/company/landor-and-fitch, 페이스북_ www.facebook.com/
LANDORFITCH, 트위터_ www.twitter.com/LANDOR_FITCH, 인스타그램_ www.instagram.com/landor_fitch, 유튜브_
www.youtube.com/landor)

리핀코트(Lippincott)

1943년에 설립된 리핀코트는 미국 뉴욕 본사를 중심으로 보스턴, 샌프란시스코, 런던, 두바이, 홍콩, 서울, 상하이, 싱가포르 오피스를 둔 글로벌 브랜드 전략 및 디자인 회사입니다. Chrysler, Del Monte, RCA, American Express, Pizza Hut, Baskin Robbins, Infiniti 등 글로벌 기업 및 브랜드의 아이덴티티를 디자인했습니다.

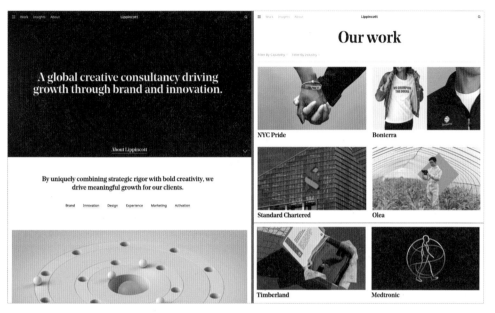

▲ 리핀코트의 홈페이지와 포트폴리오 분류 방식(www.lippincott.com, www.lippincott.com/work)

리핀코트의 홈페이지는 모듈화된 레이아웃을 적용하고 있습니다. 상단에 여섯 가지(Brand, Innovation, Design, Experience, Marketing, Activation)의 키워드를 강조하여 리핀코트의 영향력과 함께 포트폴리오를 전달하고 있습니다.

포트폴리오 분류 방식은 크게 두 가지로 업무 영역에 따른(Filter by Capability) 분류와 산업 유형에 따른(Filter by Industry) 분류를 통해 자세한 프로젝트의 내용을 전달하고 있습니다.

리핀코트가 운영하는 SNS는 인스타그램, 트위터, 링크드인 세 종류입니다. 프로필 이미지로 리핀코트의 흰 로고타입을 블랙 배경에 사용하고 있으며, 프로젝트와 채용 등의 최신 소식들을 꾸준히 업데이트하여 정보를 전달하고 있습니다.

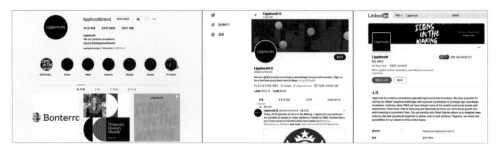

▲ 리핀코트의 SNS(인스타그램_ www.instagram.com/lippincottbrand, 트위터_ www.twitter.com/lippincottbrand, 링크드인_ www.linkedin.com/company/lippincott)

인터브랜드(Interbrand)

1974년에 설립된 인터브랜드는 뉴욕에 본사를 둔 세계 최대 규모의 브랜드 컨설팅 회사로서 세계 17개국에 24개의 오피스를 두고 Microsoft, BMW, P&G, Google, Samsung 등 세계적인 기업의 브랜드 컨설팅을 수행하였습니다. 매년 '베스트 글로벌 브랜드(Best Global Brands)'를 발표해 오며, 전 세계 브랜드들의 글로벌 브랜드 가치를 조사하고 브랜드 컨설팅을 수행합니다.

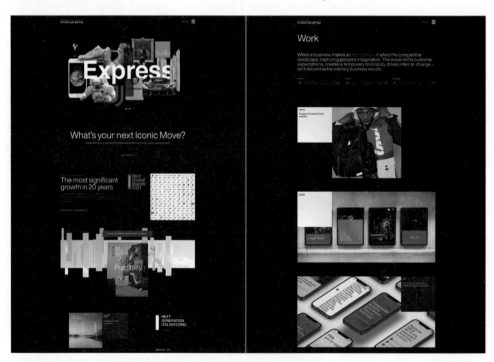

▲ 인터브랜드의 홈페이지와 포트폴리오 분류 방식(www.Interbrand.com, www.Interbrand.com/work)

인터브랜드의 홈페이지는 타사의 모듈형 레이아웃보다 자유로운 형식을 보여주고 있습니다. 홈페이지 내에 포트폴리오 분류 방식은 크게 세 가지입니다. 산업 군에 따른 분류와 대륙

별/지역별 프로젝트 분류, 업무 영역에 따른 분류로 프로젝트의 내용을 확인할 수 있습니다.

▲ 인터브랜드의 SNS(인스타그램_ www.instagram.com/interbrand, 링크드인_ www.linkedin.com/company/interbrand, 페이스북_ www.facebook.com/Interbrand, 트위터_ www.twitter.com/interbrand)

인터브랜드가 현재 운영하는 SNS는 인스타그램, 링크드인, 페이스북, 트위터까지 네 가지입니다. 프로필 이미지로는 인터브랜드의 'I'자를 미니멀하게 표현한 로고를 사용하고 있으며, 사회적 이슈 및 캠페인 메시지들을 적용하여 수정하기도 합니다. 프로젝트와 채용 등의 최신 소식들을 꾸준히 업데이트하여 정보를 전달하고 있습니다.

브로디 어소시에이츠(Brody Associates)

브로디 어소시에이츠는 글로벌한 명성을 가진 영국의 그래픽 디자이너이자 타이포그래퍼, 아트 디렉터인 네빌 브로디(Neville Brody)가 설립한 스튜디오입니다. Coca Cola, Nike, Samsung, LVMH, RCA(Royal College of Art), Nikon, Shiseido, SPC 등 글로벌 브랜드와 다양한 프로젝트를 활발히 진행하고 있습니다.

세로형의 모듈형 레이아웃으로 스크롤 컨트롤에 따라 슬라이딩 방식으로 프로젝트의 섬네일이 전개되고 있습니다. 또한 프로젝트에 관련된 이미지가 슬라이딩 방식으로 추가 제공됩니다.

▲ 브로디 어소시에이츠의 홈페이지(www.brody-associates.com)

▲ 브로디 어소시에이츠의 SNS와 브로디 폰트 (인스타그램_ www.instagram.com/brody_associates, 브로디 폰트_ https://brodyfonts.typenetwork.com)

브로디 어소시에이츠가 운영하는 SNS로 인스타그램이 있습니다. 이 채널을 통해 프로젝트와 채용 등의 최신 소식들을 꾸준히 업데이트하여 정보를 전달하고 있습니다. 또한 폰트 디자인으로 다양한 그래픽 디자인을 전개하는 브로디의 폰트를 열람하고 활용할 수 있는 홈페이지도 운영하고 있습니다.

울프 올린스(Wolff Olins)

1965년에 설립된 울프 올린스는 런던, 뉴욕 및 샌프란시스코에 기반을 둔 브랜드 컨설팅 회사입니다. Google, TikTok, Uber, Virgin Media, Tesco 등 글로벌 브랜드 컨설팅을 프로젝트를 수행하여 왔습니다. 현재 150여 명의 디자이너, 전략 기획가, 기술자, 프로그래머, 교육자와 함께 다양한 프로젝트를 진행하고 있습니다.

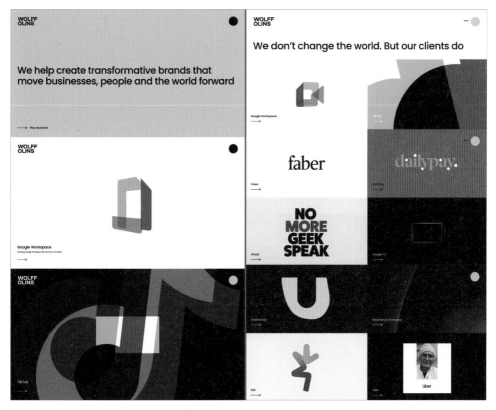

▲ 울프 올린스의 홈페이지와 포트폴리오 분류 방식(www.wolffolins.com, www.wolffolins.com/work)

울프 올린스의 홈페이지는 프로젝트마다 독특한 모션 그래픽으로 사용자의 시선을 사로잡습니다. 포트폴리오는 'Work' 카테고리에서 확인할 수 있습니다. 업종별 클라이언트에 따른 포트폴리오도 확인할 수 있습니다.

울프 올린스가 현재 운영하는 SNS는 인스타그램, 링크드인, 유튜브, 트위터까지 네 가지입니다. 공통적으로 옐로우 컬러와 블랙 배경의 로고타이프를 프로필 이미지로 사용하고 있으며, 프로젝트와 채용 등의 최신 소식들을 꾸준히 업데이트하여 정보를 전달하고 있습니다.

▲ 울프 올린스의 SNS(인스타그램_ www.instagram.com/wolffolins, 링크드인_ www.linkedin.com/company/wolff-olins, 유튜브_ www.youtube.com/user/WolffOlins, 트위터_ www.twitter.com/WolffOlins)

퓨처브랜드(FutureBrand)

1991년에 설립된 퓨처브랜드는 영국 런던에 본사를 두고 미국, 유럽, 남미, 북중미, 아시아 지역에 거쳐 Nespresso, L'Occitane, American Airlines, Bentley Cadillac, Bosch 등의 글로벌 브랜드 비즈니스 컨설팅을 수행하고 있습니다.

퓨처브랜드의 홈페이지는 메인 페이지에서 대표 프로젝트별로 섬네일 이미지를 보여주고 있습니다. 'Our work' 카테고리에서 다양한 프로젝트를 확인할 수 있으며 클라이언트 브랜드별, 산업 유형별, 지역별로 포트폴리오를 제공합니다.

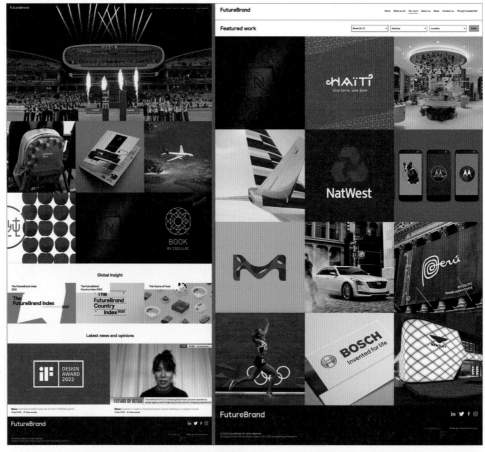

▲ 퓨처브랜드의 홈페이지와 포트폴리오 분류 방식(www.futurebrand.com, www.futurebrand.com/our-work)

퓨처브랜드가 현재 운영하는 SNS는 인스타그램, 트위터, 링크드인, 페이스북까지 네 가지입니다. 프로필 이미지로 로고타이프를 사용하고 있으며, 프로젝트와 채용 등의 최신 소식들을 꾸준히 업데이트하여 정보를 전달하고 있습니다.

▲ 퓨처브랜드(FutureBrand)의 SNS(인스타그램_ www.instagram.com/futurebrandglobal, 트위터_ www.twitter.com/
FutureBrand, 링크드인_ www.linkedin.com/company/futurebrand, 페이스북_ www.facebook.com/FutureBrand)

슈퍼유니온(Superunion)

1976년에 설립된 슈퍼유니온은 런던에 본사를 둔 글로벌 브랜드, 디자인 컨설팅 회사입니다. 2018년 1월 다섯 개의 에이전시가 합병하며 브랜드유니온(Brandunion)을 설립하였습니다. 이후 슈퍼유니온으로 사명이 변경되어 지금은 16개 오피스에서 500여 명의 인원이 Dell, Diageo, Chivas, Pizza Hut, Tesco, Land Rover 등의 글로벌 브랜드와 프로젝트를 수행하고 있습니다.

슈퍼유니온의 포트폴리오는 'Work' 카테고리 혹은 산업별 클라이언트의 목록을 통해 직접 확인할 수 있습니다.

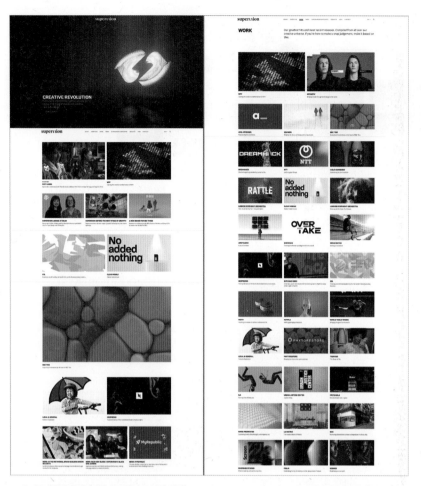

▲ 슈퍼유니온의 홈페이지와 포트폴리오 분류 방식(www.superunion.com, www.superunion.com/work)

슈퍼유니온이 현재 운영하는 SNS는 인스타그램, 트위터, 링크드인, 페이스북까지 네 가지입니다. 프로필 이미지로 로고타이프를 사용하고 있으며, 프로젝트와 채용 등의 최신 소식들을 꾸준히 업데이트하여 정보를 전달하고 있습니다.

▲ 슈퍼유니온의 SNS(인스타그램_ www.instagram.com/superunionHQ, 링크드인_ www.linkedin.com/company/superunion, 페이스북_ www.facebook.com/SuperunionHQ, 트위터_ www.twitter.com/superunionHQ)

NDC(Nippon Design Center)

1959년에 설립된 NDC는 아시아의 디자인 거장으로 일컫는 하라 켄야(Hara Kenya)가 이끄는 일본 대표 디자인 컨설팅 회사입니다. 일본 도쿄에 본사와 나고야, 베이징 오피스를 거점으로 하여 270명의 인원이 Asahi, Toshiba, Toyota, Docomo 등의 메이저 브랜드와 프로젝트를 수행하고 있습니다.

NDC의 홈페이지는 모션 그래픽을 활용하여 최근의 대표 프로젝트를 소개하고 있습니다.

▲ NDC(Nippon Design Center)의 홈페이지(www.ndc.co.jp)

포트폴리오는 'Work' 카테고리 혹은 상단의 13가지(Web/App, Catalog/Editing, Movie, Graphics, Advertising, Package, VI/Experience, Signage, Book Design, Exhibition/Space, Products, Tourism/Social, 1959~Present)의 세부 분류에 따라 확인할 수 있습니다.

▲ NDC의 포트폴리오 분류 방식(www.ndc.co.jp/en/works)

NDC가 현재 운영하는 SNS는 인스타그램, 트위터, 페이스북, 유튜브까지 네 가지입니다. 프로필 이미지로 NDC의 이니셜을 도형적으로 구현한 로고를 사용하고 있으며, 최신의 프로젝트와 활동 및 채용 등 NDC의 최신 소식들을 꾸준히 업데이트하여 정보를 전달하고 있습니다.

▲ NDC의 SNS(인스타그램_ www.instagram.com/nippondesigncenter, 트위터_ www.twitter.com/ndccojp, 페이스북_ www.facebook.com/NDCcojp, 유튜브_ www.youtube.com/user/NipponDesignCenter)

CHAPTER 03

표현 및 제출하기

주니어 디자이너의 포트폴리오에서 가장 중요한 포인트는 프로젝트의 결과물이 나오기까지의 과정을
보는 이에게 자연스럽게 전달하는 것입니다. 그리고 그 과정 속에서 내가 잘할 수 있는 부분과 가능한
역할을 강조함으로써 신입 디자이너로서의 경쟁력을 제대로 보여주어야 합니다. 이번 CHAPTER에서는
프로세스를 전개하는 방식과 완성 후 제출하는 것에 대해 이야기하겠습니다.

01

프로세스 표현하기

포트폴리오를 처음으로 제작하거나 전공을 바꾸어 시작하는 경우라면, 그 분야에 관련된 프로젝트 경험이나 경력이 부족합니다. 그러므로 프로젝트별로 프로세스를 고려하여 다양한 내용을 전달하는 포트폴리오를 만들어야 전반적으로 좋은 평가를 받을 수 있습니다.

첫 페이지 구성

프로젝트의 첫 페이지는 메인 페이지입니다. 작품의 콘셉트와 특징을 한눈에 알아볼 수 있도록 메인 이미지와 타이틀을 보여주는 것이 핵심 포인트입니다. 첫 페이지를 보았을 때 시선이 메인 이미지, 타이틀, 콘셉트에 대한 구체적인 설명글로 이어지도록 구성해야 합니다. 몇 가지 사례들을 살펴보고 첫 페이지 구성에 대해 고민해봅시다.

Verizon Accessories

클라이언트	프로젝트명	디자인 개발사	프로젝트 유형
Verizon	Verizon Accessories	Pentagram	Brand Packaging

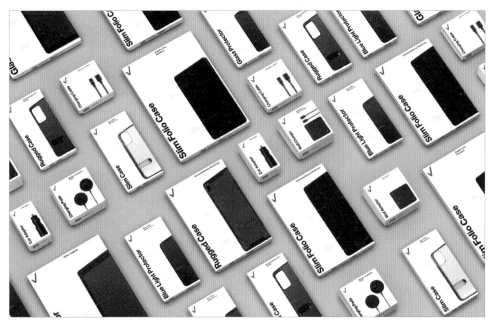

▲ Pentagram Homepage(www.pentagram.com/work)

Verizon의 액세서리 제품군의 포장 지속 가능성 및 사용자 경험 개선 프로젝트입니다. 다양한 제품군에 맞게 디자인된 패키지를 메인 이미지로 선보였습니다. 한 장의 이미지에 다양한 패키지를 직관적으로 나열하여 일관성 있는 브랜드 이미지를 연출하고 있습니다.

American Express Brand Identity

클라이언트	프로젝트명	디자인 개발사	프로젝트 유형
American Express	American Express Brand Identity	Pentagram	Brand Identity, Renewal

▲ Pentagram Homepage(www.pentagram.com/work)

American Express의 시각적 아이덴티티를 새롭게 하여 브랜드의 이미지 효과를 증폭시켰습니다. Amex를 소비자 삶에서의 필수적인 존재로 강조하기 위한 대규모 커뮤니케이션 프로젝트입니다. 이 프로젝트는 1975년에 도입된 아이코닉한 Blue Box 로고를 재구성하고 일반인도 사용할 수 있는 타이포그래피를 만들었습니다. 새로운 로고는 브랜드를 보다 대담하고 자신감 있게 표현합니다.

Windows Brand Identity

클라이언트	프로젝트명	디자인 개발사	프로젝트 유형
Microsoft	Windows Brand Identity	Pentagram	Brand Identity Development

▲ Pentagram Homepage(www.pentagram.com/work)

Windows8 출시와 함께 운영 체제의 새로운 아이덴티티는 상징적인 Windows 로고를 창문이라는 뿌리로 되돌려 놓았습니다. 로고는 Microsoft 브랜드에 대한 새로운 관점을 도입하기 위하여 친숙한 기호를 현대적인 기하학적 모양으로 재해석하였습니다.

조사 및 원인 도출

두 번째 페이지 구성은 콘셉트 도출의 근거로 조사 내용과 원인(문제점), 프로젝트를 시작하게 된 이유 등을 보여주는 페이지입니다. 분석한 내용을 이미지나 그래프, 도표 등으로 보기 쉽게 정리하여 파악하기 편하도록 구성해야 합니다.

Verizon Accessories

클라이언트	프로젝트명	디자인 개발사	프로젝트 유형
Verizon	Verizon Accessories	Pentagram	Brand Packaging

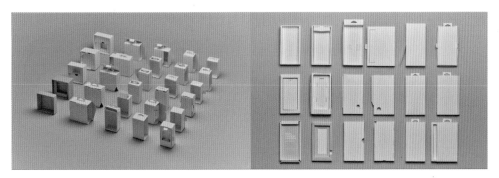

▲ Pentagram Homepage(www.pentagram.com/work)

버라이즌(Verizon)은 세계에서 가장 큰 통신 기술 회사 중 하나로 2021년 새로운 자체 브랜드의 휴대폰 액세서리를 출시했습니다. 제품으로는 지속 가능한 재료로 만들어진 휴대폰 케이스, 충전기, 무선 충전기, 케이블, 자동차 어댑터 등이 있습니다. 더 나은 제품 보호를 제공하고 지속 가능성, 접근성 향상을 고려하여 포장 구조를 개선하였습니다.

American Express Brand Identity

클라이언트	프로젝트명	디자인 개발사	프로젝트 유형
American Express	American Express Brand Identity	Pentagram	Brand Identity, Renewal

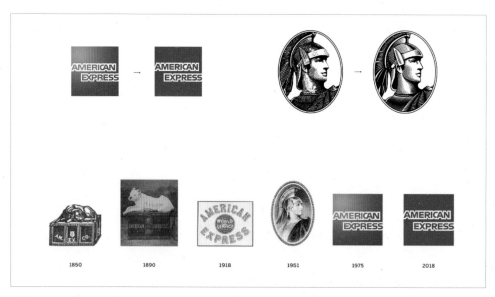

▲ Pentagram Homepage(www.pentagram.com/work)

American Express의 브랜드 아이덴티티를 다시 활성화하고 다양한 플랫폼에서 성능을 최적화하는 프로젝트입니다. 또한 지역 및 비즈니스 전반에 걸쳐 시각적 연속성을 부여했습니다. 브랜드가 확장됨에 따라 글로벌 브랜드로서 강력함, 단순함 및 엄격함을 더하였습니다. 또한 American Express 제품, 서비스 및 경험에 대한 응집력 있는 메시지를 전달합니다.

Windows Brand Identity

클라이언트	프로젝트명	디자인 개발사	프로젝트 유형
Microsoft	Windows Brand Identity	Pentagram	Brand Identity Development

▲ Pentagram Homepage(www.pentagram.com/work)

Windows의 심벌은 창문으로 시작했지만 컴퓨팅 시스템이 더 강력해지고 그래픽이 복잡해짐에 따라 깃발로 진화하였습니다. 설계자들은 평범한 창문이 너무 정적이고 직선적이라는 일반적인 업계 의견에 따라 깃발로 변경하였다고 말했습니다.

콘셉트 도출

콘셉트 도출 페이지에서는 이전의 조사와 분석 등을 통하여 아이디어 및 결론을 도출합니다. 디자인 콘셉트를 보여주는 단계로, 콘셉트의 특징을 간략하게 이미지화하는 것이 효과적입니다.

Verizon Accessories

클라이언트	프로젝트명	디자인 개발사	프로젝트 유형
Verizon	Verizon Accessories	Pentagram	Brand Packaging

▲ Pentagram Homepage(www.pentagram.com/work)

환경에 미치는 영향을 줄이고 포장 구조와 개봉 경험을 개선하기 위해 패키지 크기를 줄였습니다. 또한 해당 디자인은 모든 플라스틱 포장재를 종이로 교체하여 포장에서 플라스틱을 완전히 제거하였습니다.

American Express Brand Identity

클라이언트	프로젝트명	디자인 개발사	프로젝트 유형
American Express	American Express Brand Identity	Pentagram	Brand Identity, Renewal

▲ Pentagram Homepage(www.pentagram.com/work)

American Express의 시각적 아이덴티티는 168년이 넘는 특별한 브랜드 자산을 스마트하고 스타일리시한 방식으로 기념합니다. 새로운 브랜드 플랫폼은 독특한 Centurion 및 World Service 패턴을 포함하여 브랜드 요소 컬렉션을 확대했습니다. 모바일 및 소셜 플랫폼, 디지털 상거래 기술이 계속 발전함에 따라 휴대폰, 시계, 디지털 거래 등에서 브랜드 요소를 적용하기 위해 다시 만들었습니다. 로고타이프는 시각적 연속성과 가독성을 고려하여 다양한 축척으로 표현되었습니다. 브랜드 기호는 디지털 가독성을 높이고 앱과 온라인 결제 같은 디지털 컨텍스트에서도 잘 변환되도록 재탄생하였습니다. 그래픽 요소 및 패턴 시스템은 반응이 빠르고 개방적이어서 브랜드의 다른 프로그램과 요소를 만드는 데도 유연합니다.

Windows Brand Identity

클라이언트	프로젝트명	디자인 개발사	프로젝트 유형
Microsoft	Windows Brand Identity	Pentagram	Brand Identity Development

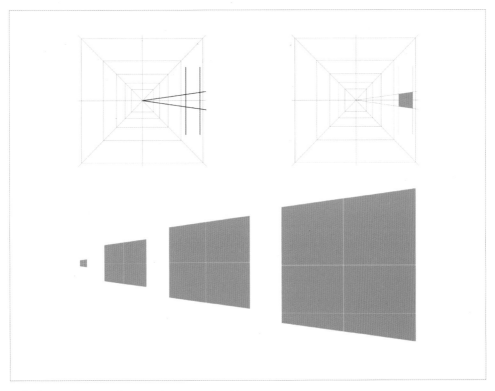

▲ Pentagram Homepage(www.pentagram.com/work)

Windows의 새로운 아이덴티티는 원근법이라는 시각적 원리로 창문을 형상화하였습니다. 깃발 모양이 창 모양으로 변형되는 것을 보여주기 위해 모션 연구를 했으며, 브랜드의 아이덴티티를 쉽고 우아하게 전환하였습니다.

이미지 연출하기

이미지 연출 페이지는 브랜드 콘셉트를 브랜드 접점(Touch Point)에 맞추어 시각화하여 설명하는 중요한 페이지입니다. 실제 적용된 이미지를 보여주는 것이 가장 설득력 있는 전달 방법입니다. 실제 사진이나 2D, 3D 목업(Mock-up) 이미지에 맞추어 연출해야 합니다. 긴 설명보다는 이미지를 이용하여 빠르게 콘셉트를 이해할 수 있도록 표현하는 것이 효과적입니다.

Verizon Accessories

클라이언트	프로젝트명	디자인 개발사	프로젝트 유형
Verizon	Verizon Accessories	Pentagram	Brand Packaging

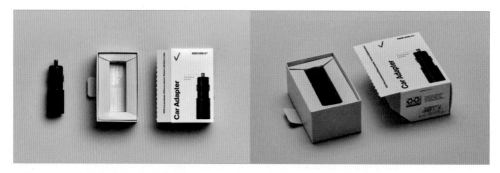

▲ Pentagram Homepage(www.pentagram.com/work)

패키지의 각 면을 활용하여 이미지와 정보, 패키지의 특징 등을 자세히 보여주고 있습니다. 포장에는 Verizon의 '100% 재활용'이라는 메시지도 담겨 있습니다.

American Express Brand Identity

클라이언트	프로젝트명	디자인 개발사	프로젝트 유형
American Express	American Express Brand Identity	Pentagram	Brand Identity, Renewal

▲ Pentagram Homepage(www.pentagram.com/work)

여백을 사용하여 여유롭고 개방적인 느낌을 줍니다. 또한 밝은 파란색과 짙은 파란색의 아이코닉한 색상 팔레트를 사용합니다.

Windows Brand Identity

클라이언트	프로젝트명	디자인 개발사	프로젝트 유형
Microsoft	Windows Brand Identity	Pentagram	Brand Identity Development

▲ Pentagram Homepage(www.pentagram.com/work)

새 로고는 Microsoft가 Windows7 휴대폰에 처음 도입한 세련되고 현대적인 'Metro' 디자인 언어를 반영합니다. Metro는 스위스 인터내셔널 스타일의 디자인 원칙을 기반으로 합니다. 깨끗한 선, 모양, 타이포그래피와 대담하고 평평한 색상을 사용합니다. Metro의 한 가지 지침은 그래픽 또는 인터페이스가 진정한 디지털로 나타나야 한다는 것입니다. 새로운 아이덴티티는 공간 속으로 들어가는 선이라는 고전적인 원근법을 사용하여 새로운 차원을 제안합니다. 여기에서 창은 사용자가 자신의 이니셔티브를 기반으로 할 수 있는 모든 것을 달성할 수 있는 중립적인 도구입니다. 새로운 로고는 중립적인 용기를 전달하며 브랜드에 더욱 활동적이고 효과적인 이미지를 더합니다.

마무리하기

프로젝트를 마무리하는 페이지는 첫 페이지와 유사한 형태인 경우가 많습니다. 처음에 보여준 핵심 내용을 마지막에 다시 상기하는 역할을 합니다. 그러므로 첫 페이지와 유사한 메인 이미지와 간략한 콘셉트 설명으로 마무리합니다. 활용도에 따라서 이 프로젝트의 성과를 간략하게 정리하여 보여줄 수도 있습니다. 하지만 페이지 수를 줄여야 할 때는 과감히 제외할 수도 있습니다.

Jack Daniel's Packaging

클라이언트	프로젝트명	디자인 개발사	프로젝트 유형
Brown-Forman	Jack Daniel's Packaging	Pentagram	Brand Packaging

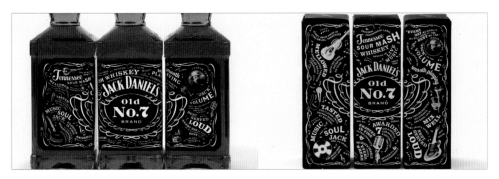

▲ Pentagram Homepage(www.pentagram.com/work)

Jack Daniel's Tennessee Whisky는 2021년에 창립 155주년을 기념하여 상징적인 Black Label Old No. 7 브랜드를 위한 특별 한정판 디자인을 선보였습니다. '155 Years of Good Music'이라는 주제를 기념하는 소용돌이 모양의 타이포그래피와 이미지로 레이블과 패키지를 업데이트했습니다.

OPPO Brand Identity

클라이언트	프로젝트명	디자인 개발사	프로젝트 유형
OPPO	OPPO Brand Identity	Pentagram	Brand Identity, Renewal

▲ Pentagram Homepage(www.pentagram.com/work)

OPPO는 전 세계 2억 명이 넘는 사람들이 사용하는 고품질 카메라 폰과 첨단 모바일 사진 기술을 전문으로 하는 세계 최고의 스마트폰 브랜드 중 하나입니다. 지난 10년 동안 OPPO는 모바일 사진의 혁신에 집중해 왔습니다. 최근 기술 및 제품 디자인의 아름다움을 강조하기 위하여 제품을 차별화할 수 있는 단순하고 응집력 있는 브랜드가 필요하였습니다. 그리하여 간결하지만 시선을 사로잡는 로고타이프 중심의 새로운 브랜드 리뉴얼을 감행하였습니다. 신제품 출시 행사에서 자연스럽게 해당 로고가 적용된 이미지를 선보였습니다.

National Gallery of Art Brand Identity

클라이언트	프로젝트명	디자인 개발사	프로젝트 유형
National Gallery of Art	National Gallery of Art Brand Identity	Pentagram	Brand Identity, Renewal

▲ Pentagram Homepage(www.pentagram.com/work)

워싱턴 DC에 있는 내셔널 갤러리 오브 아트(National Gallery of Art)는 미국에서 가장 사랑받는 박물관 중 하나이며, 역사에 걸쳐 150,000점 이상의 그림, 조각, 장식 예술, 사진, 판화를 소장하고 있습니다. 국립 미술관의 재창조된 브랜드는 내셔널 갤러리 캠퍼스의 기념비적인 건축물에서 영감을 받았습니다. 고전과 현대를 연결하며 모든 사람들이 예술, 창의성 및 공유된 인간성을 탐구하고 경험할 수 있도록 만들어졌습니다. 또한 다양한 컬렉션과 프로그램, 관객의 활기를 반영하는 대담하고 현대적인 시각적 아이덴티티를 만들었습니다. 새로운 아이덴티티를 적용한 옥외 광고물이 박물관 곳곳에 설치된 이미지를 보여주고 있습니다.

02

완성 후
제출하기

포트폴리오와 이력서, 자기소개서, 커버레터 등을 효과적인 방법과 형식으로 제출해야 합니다. 포트폴리오를 제출할 때 점검하고 준비해야 할 것들을 알아보겠습니다.

제출 양식

채용시 회사에서 정해진 제출 양식을 제공합니다. 지원자는 거기에 맞게 준비한 후 파일을 첨부하거나 이메일을 작성하여 포트폴리오를 제출합니다. 주로 기업의 경우 정해진 폼에 맞춰 작성하고, 일반적인 에이전시나 스튜디오에서는 비교적 자유로운 형식으로 이메일을 작성하여 제출합니다. 제출 형식의 기준을 제시하는 경우 보편적으로 PPT나 PDF 파일을 선호합니다. 아래 예시와 같이 제출할 문서의 형식을 제시하는 경우가 있으므로 지원 공고를 잘 확인하고 계획해야 하며, 추가적으로 파일의 크기도 고려해야 합니다.

자기소개서(PDF 또는 MS WORD) / 포트폴리오(PDF 또는 JPG, 5MB 이내)

▲ 제출 서류 기준 예시

구인을 원하는 회사 입장에서는 다수의 지원자가 몰릴 수 있기 때문에 용량과 형식의 제한을 두지 않고 포트폴리오를 받기가 어렵습니다. 그렇기에 기준에 맞지 않은 구직자들의 서류를 일차적으로 제외할 수 있습니다. 그러므로 작은 것이라도 놓치지 않고 회사에서 제시하는 기준을 확실하게 지켜야합니다.

이력서와 자기소개서

포트폴리오를 이메일로 제출할 때에는 이력서를 워드나 한글 문서로 작성하여 별도로 제출하기도 합니다. 반면 포트폴리오 페이지에 같이 포함하여 구성할 수도 있습니다. 웹 문서 형식을 요구하는 회사의 경우, 제출하는 디자이너의 디자인적 감각과 창의력 등을 프로젝트 외의 부분에서도 확인합니다. 따라서 이력서와 자기소개서 등 또한 놓치지 말고 주의해야 합니다. 이력서는 일반적인 문서 형식을 탈피하여 개성 있으면서 정보를 명확하게 전달할 수 있는 형식을 사용합니다.

▲ 이력서와 자기소개서 사례(www.behance.net/penelopemedrano)

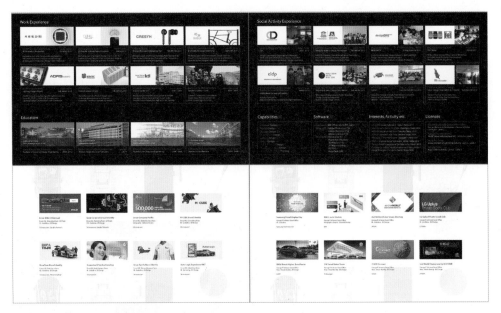

▲ 이력서 사례(Creatiview Project)

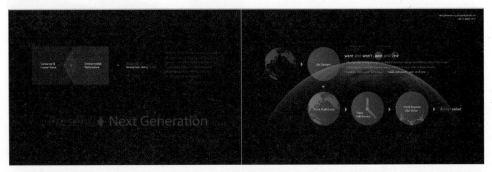

▲ 자기소개서 사례(Creatiview Project)

위의 사례들을 보면 타이틀과 그에 부합되는 레이아웃만으로도 어느 정도 내용을 파악할 수 있습니다. 구체적인 설명을 제공하여 인사 담당자가 필요할 때 참고할 수 있도록 만들었습니다. 자기소개서도 일반적인 증명 사진보다는 자연스러운 일상 속 이미지나, 자신을 잘 표현할 수 있는 이미지를 사용할 수도 있습니다. 지원 동기 등은 인과 관계를 고려하여 사실적으로 쓰기를 추천합니다.

개성 있는 이력서 및 자기소개서의 형식으로 인포그래픽을 활용할 수도 있습니다. 정보를 도형이나 차트, 도표 등을 통해 시각적으로 한눈에 보여주는 것을 인포그래픽(Infographic)이라고 합니다. 이력서와 자기소개서를 만드는 것도 디자이너로서 독특한 자신의 모습을 어필할 수 있는 하나의 방법입니다. 자신의 여러 정보를 이미지화하여 인사 담당자가 보기 쉽도록 이력서, 자기소개서, 웹 문서 형식의 포트폴리오에서 사용할 수 있습니다.

▲ 인포그래픽을 활용한 사례 참고 URL

제출 시 주의사항(메일 주소와 커버레터)

메일로 포트폴리오와 이력서를 보낼 때 신입 디자이너들이 간과하는 부분이 메일 주소입니다. 대부분의 사람들이 자신만이 알 수 있는 숫자, 영문과 생일, 휴대전화 번호 등을 조합한 메일 주소를 사용합니다. 이러한 메일 주소보다는 이름과 같이 누구나 의미를 파악할 수 있는 주소를 사용한다면 인사 담당자에게 한 번 더 자신을 어필할 수 있습니다. 이메일 주소는 상대방에게 나에 대해 제일 먼저 알려줄 수 있는 정보입니다. 또한 메일 제목을 작성할 때도 자신의 이름과 소속, 지원 분야 등을 구체적이며 간단하게 작성합니다. 가능하다면 새로운 이메일 계정을 만들어서 사용하길 권장합니다.

Hgd0924@email.com (X)
01012345678@email.com (X)

honggildong@email.com (O)
honggildongdesign@email.com (O)

▲ 이메일 계정 예시

커버레터(Cover Letter)는 외국 회사에 지원할 때 이력서, 포트폴리오 등과 함께 동봉하는 것으로 인사 담당자나 해당 관련자에게 정중하게 쓴 편지를 의미합니다. 자기소개서와 비슷하지만 다른 점이 있습니다. 이메일 하단에 이미지로 커버레터를 추가하여 포트폴리오와 이력서를 받을 담당자에게 자신을 각인시킬 수 있는 다른 방법으로 활용할 수 있습니다.

▲ 커버레터의 사례(www.behance.net/penelopemedrano)

▲ 이메일에 첨부한 커버레터(Creatiview Project)

포트폴리오 FAQ 50

포트폴리오를 준비 중인 UX/UI 디자이너들이
가장 궁금해하는 질문에 대한 답변을 준비하였습니다.
포트폴리오 제작에 도움이 된다면 좋겠습니다.

Q. 비전공자로 UX/UI디자이너 취업을 준비 중입니다. 그래픽 툴은 사용 가능합니다. 앞으로 코딩을 공부할 예정인데, 일은 회사에서 배우는 것이 가장 빠르다고 생각합니다. 포트폴리오를 만드는 과정이 너무 어렵고 시간이 많이 걸릴 것 같습니다. 그래서 기본적인 툴과 코딩을 익힌 후 최대한 빨리 회사에 취업해 일을 하면서 배우는 것을 목표로 하고 있습니다. 제 생각이 틀린 건가요?

A. 틀리지 않았습니다. 그것도 하나의 방법일 수 있습니다. 하지만 포트폴리오 없이 취업이 가능한 회사가 과연 좋은 회사인가에 대한 의문이 듭니다. 소량의 포트폴리오라도 만들어서 일단 취업하고 그 다음 회사에서 레벨 업 하는 방향을 추천하고 싶습니다.

Q. 갑자기 무작정 UX/UI 디자인에 관심이 생겨서 취업 준비를 하고 있습니다. 저는 UX/UI 둘 다 공부할 생각인데요. UX/UI 둘 중 무엇을 먼저 공부해야 하나요?

A. UX/UI는 한 몸입니다. 따로 공부하는 것은 불가능합니다. 같이 공부하면 됩니다.

Q. 웹 사이트 포트폴리오를 코딩할 때 반응형 디자인으로 모바일 버전까지 꼭 만들어야 하는 건가요? PC 버전을 모바일 버전으로 다시 디자인하는 것이 너무 어렵네요. 지금까지 코딩 안 하고 PDF로 만들다가 반응형 코딩을 하려고 하니 너무 어렵네요. 반응형 코딩이 꼭 필요한가요?

A. 없어도 가능하지만 반응형 코딩 포트폴리오를 만드는 것을 추천하고 싶습니다. 물론 본인이 코딩을 해야겠다는 결심이 섰기에 드리는 얘기입니다. 우리 모두가 인정하듯 이제 사람들은 더 이상 PC에서 콘텐츠를 소비하지 않습니다. 웹서핑, 구글링, 쇼핑 모두 모바일에서 해결하고 PC로는 업무와 게임만 하는 시대가 되었습니다. 그러므로 현장에서는 당연히 모바일 버전이 필수가 되었습니다. 그래서 현재는 반응형과 모바일 포트폴리오가 필수가 되어 버렸습니다. 조금 힘들 수도 있겠지만 가능하다면 반응형 코딩을 하는 방향을 추천합니다.

Q. 4년 차 디자이너 이직 포트폴리오 준비 중입니다. 선배들이 그러는데 웹 디자인 포트폴리오는 콘셉트 위주의 비주얼 스타일 포트폴리오와 UX/UI가 많이 반영된 실무형 포트폴리오가 있다고 하더라고요. 어떤 선배는 비주얼 위주의 디자인이 우선이라고 하고 어떤 선배는 UX/UI 디자인이 우선이라고 하네요. 제 경우에는 어떤 방향으로 해야 맞는 걸까요?

A. 4년 차라면 UX/UI가 강조된 디자인을 추천합니다. 이유는 간단합니다. 일반적으

로 비주얼 콘셉트 디자인보다는 UX/UI가 좀 더 까다롭습니다. 이것은 작업 난이도에 대한 문제가 아닙니다. 비주얼 콘셉트 디자인은 훌륭한 상상과 아이디어로 해결할 수 있는 부분이 많지만 UX/UI는 실무 경험이 절대적으로 중요합니다. 신입은 경험이 없으니 UX/UI가 어렵게 느껴집니다. UX/UI는 마케팅, 심리, 색채학 등 수많은 디자인 이론이 동원되는 분야입니다. 그에 비해 비주얼 콘셉트 디자인은 이러한 경험을 담아 내기 위한 그릇으로 적절하지 않습니다. 그러므로 4년 차라면 본인의 실무 경험치를 나타낼 수 있는 UX/UI 위주의 포트폴리오를 구성해서 훌륭한 경력자를 원하는 인사 담당자에게 좋은 인상을 심어줄 수 있도록 힘써야 할 것입니다.

Q. 포트폴리오 만들 때 가상 리뉴얼을 많이 한다고 알고 있습니다. 이런 경우 기업의 허락을 맡고 이미지를 사용하는 건가요? 허락을 맡지 않고 이미지를 그대로 사용하게 되면 저작권에 문제가 생기는 건가요?

A. 정확히 말씀드리기는 어렵습니다. 다만 취업 준비생이 개인 포트폴리오 제출용으로 만드는 경우 기업은 관대한 태도를 취하는 편입니다. 실제로 대다수의 취업 준비생들이 그렇게 포트폴리오를 만들고 있습니다. 다만, 취업용 개인 포트폴리오가 아니고 상업적인 목적으로 무단으로 사용하여 공개할 경우 기업은 관대하지 않습니다. 기업 측에서 문제를 제기하면 상황이 복잡해질 수 있습니다. 기업 입장에서 취업 준비생이 아닌 사람에게 이미지 저작권에 대해 관대하지 않은 것은 당연한 일입니다. 특히 주의할 점은 대기업, 중견기업, 큰 규모의 중소기업은 취업 준비생에게 포용적인 태도를 취하지만 작은 규모의 중소기업, 소기업처럼 소규모의 기업은 포용적이거나 관대하지 않습니다. 그러므로 소규모 기업의 가상 리뉴얼은 시도하지 않는 편이 안전합니다.

Q. 웹 에이전시 취업을 준비하고 있는 예비 디자이너입니다. 지금까지 포트폴리오로 모바일 UX/UI 디자인만 준비했습니다. 코딩은 따로 하지 않았고 이미지 파일로만 완성했습니다. 이런 경우 일반적인 웹사이트를 만드는 회사에는 지원이 불가능한가요?

A. 가능합니다. 그러나 PC 버전의 포트폴리오도 준비한 다른 지원자들과의 경쟁에서 불리합니다. 회사 측에서 PC 버전 포트폴리오를 따로 요구할 확률이 매우 큽니다. 현재와 같은 상황이라면 UX/UI 디자인 포트폴리오라고 하기보다는 앱 디자인 포트폴리오의 형태로 보입니다. 가능하다면 PC 버전도 준비하는 것을 추천합니다.

Q. 웹 디자인과 UX/UI 디자인은 많이 다른 건가요? 처음에는 그냥 같은 직종인 줄 알았는데 좀 다르다는 것을 느꼈습니다. 어떤 부분이 다른 건가요?

A. 비슷합니다. 그저 예전에는 웹 디자인이라고 불렀고 시간이 흐르면서 UX/UI 부분에 대한 중요성이 점점 더 극대화되면서 이제는 웹 디자인을 UX/UI 디자인이라고 바꿔서 부르게 되었습니다. 다만, 최종 완성 단계에서 UX/UI가 전혀 필요가 없는, 이미지로만 완성된 디자인은 UX/UI 디자인이라고 부르기 어렵습니다.

Q. 해외 취업을 고민중입니다. 그래서 포트폴리오를 영문 사이트로 제작 중입니다. 하지만, 해외 취업이 어려운 경우 국내 취업도 고려하고 있습니다. 이런 경우 국내 기업에 영문 사이트 포트폴리오를 제출해도 괜찮은 건가요? 아니면 국내용은 한글 사이트로 따로 제작해야 하나요?

A. 국내 취업의 경우라면 한글 사이트 포트폴리오가 더 좋습니다. 영문 사이트가 포트폴리오에 포함되는 것은 상관없지만 한글 사이트가 아예 없는 것은 서류 전형에서 불리합니다. 왜냐하면 인사 담당자 입장에서 지원자의 한글 폰트 운영과 타이포그래피 운영에 대한 실력을 확인할 수 없기 때문입니다. 또한 기업 입장에서 생각해보면 한국 개발 환경에서 한글 사이트를 만들어 보지 않은 지원자를 채용하는 것은 위험한 선택일 것입니다.

Q. UX/UI 디자인 포트폴리오를 준비 중인 디자이너입니다. 반응형 사이트를 두 개 정도 만들었는데요. 쇼핑몰 상세페이지 디자인도 작업해서 추가하고 싶습니다. 이런 쇼핑몰 상세페이지도 UX/UI 디자인 포트폴리오에 넣어도 되나요? 이런 UX/UI가 필요 없는 이미지 위주의 작업들이 제 포트폴리오에 도움이 되나요?

A. 도움은 되지만 합격, 불합격을 결정 짓는 중요한 요소는 아닙니다. 물론 이커머스 운영 디자이너, 상세페이지 디자이너를 지원하는 분들에겐 당연히 필수 포트폴리오입니다. UX/UI 디자이너와 이커머스 디자이너는 업무 분야가 많이 다릅니다. UX/UI 디자이너에게 상세페이지 디자인은 필수가 아닌 옵션입니다. 상세페이지 디자인은 본인이 UX/UI 포트폴리오 준비가 충분히 되었다고 판단이 된다면 그 후 준비하는 것을 권하고 싶습니다.

Q. 지금 포트폴리오를 준비 중인데요. 아이콘 같은 것들은 유료나 무료 이미지 소스로 작업 중입니다. UX/UI 디자인이지만 이렇게 제가 직접 제작하지 않은 소스를 사용해도 괜찮은 건가요? 그게 아니라면 모든 아이콘은 내 손으로 작업해야 포트폴리오로 인정받는 건가요?

A. 직접 제작하지 않은 아이콘을 사용해도 괜찮습니다. 물론 직접 제작한다면 더 좋습니다. 하지만 UX/UI는 아이콘 제작이나 작은 크기의 그래픽 능력보다 넓은 시야를 가지고 만드는 레이아웃 설계가 더 중요합니다. 즉, 나무 하나 하나를 키우는 것보다 장기적인 계획으로 숲을 아름답게 가꾸어 나가는 것이 더 중요합니다. 아이콘이나 작은 크기의 그래픽 디자인은 UX/UI 디자인과는 결이 매우 다른 분야이기 때문에 기본기가 갖추어지지 않은 비전문가가 디자인을 하면 본인의 디자인에 오히려 치명적인 결점으로 작용할 수 있습니다. 게다가 현장에서도 아이콘이나 그래픽 소스들은 훌륭한 유료 소스를 주로 사용합니다. 그러므로 크게 걱정할 필요가 없습니다.

Q. 선배들 얘기로는 회사에서 UX/UI 디자이너가 코딩을 하지 않더라도 개발팀과 코워킹을 하려면 코딩에 대한 어느 정도의 지식이 있어야 한다고 합니다. 그래야 일을 할 때 의사소통에 문제가 없을 것이라고 합니다. 어느 정도의 지식을 뜻하는 건가요?

A. HTML, CSS 기본 문법에 대한 이해를 뜻합니다. 그 정도의 기본만 있다면 실무를 진행하면서 이런저런 경험을 통해 금방 필요한 지식을 알게 될 것입니다. 아무래도 경험을 통한 공부가 확실히 빠르기 마련입니다. 그러니 너무 부담 가지지 말고 문법 공부를 틈틈이 해 두면 나중에 도움이 많이 될 것입니다.

Q. 학원을 다니다 보니까 알게 된 건데요. 전공자들이 의외로 학원 수강을 많이 하더라고요. 원래 전공자들도 학원을 대부분 다니나요? 학원은 비전공자만 다니는 거 아닌가요?

A. 아닙니다. 기업이 신입 직원에게 요구하는 역량에 비교해 볼 때 대학이나 학교의 커리큘럼이 충분한 경우는 그리 많지 않습니다. 왜냐하면 기업의 기술 발전 속도를 대학이 따라잡는 것이 어렵기 때문입니다. 다만, 전공자들은 전공 과목에 대한 이해가 있기 때문에 자신에게 부족한 능력이 무엇인지 파악하는 것이 가능합니다. 이 점이 전공자와 비전공자의 가장 큰 차이입니다. 전공자는 자신이 무엇을 더 공부해야 할지 알고 있지만 비전공자는 공부 초반에는 자신이 하고 있는 공부가 무엇인지조차 파악하기 어렵습니다. 즉, 비전공자가 처음에 가장 어려워하는 점은 내가 무엇을 모르는지 모른다는 것입니다. 전공자이지만 여러가지 이유로 취업 준비가 안 된 디자이

너도 많습니다.

Q. 두 달 후부터 UX/UI 디자인 수업이 시작됩니다. 기대도 되고 걱정도 좀 됩니다. 혹시 수업 시작 전 준비해 두면 좋은 선행학습 같은 것이 있을까요?

A. 선행학습을 추천하지는 않습니다. 꼭 필요하다고 생각한다면 '유저 사용성 테스트', 'UX/UI 가이드' 관련 검색으로 책을 찾아보는 것을 추천합니다. '유저 사용성 테스트'와 'UX/UI 가이드'는 UX/UI 디자인에 대한 이론적 경험을 쌓는 데 매우 중요한 검색어입니다.

Q. UX/UI 디자인 포트폴리오를 준비 중인 취업 준비생입니다. 대학에서 과제로 했던 영상 작업물이 몇 개 있는데요. 이 디자인을 UX/UI 포트폴리오에 추가해도 괜찮나요?

A. 당연히 추가하면 좋습니다. 현장에서 업무를 하다 보면 때로는 브랜딩 디자인 콘텐츠가 필요해서 짧은 영상물이 필요할 때가 있습니다. UX/UI에는 이러한 콘텐츠가 도움이 되는 경우가 매우 많습니다. 그러므로 주요 포트폴리오에 추가로 이런 자체 제작 영상물을 제출한다면 인사 담당자 입장에서 보너스 점수를 줄 수도 있습니다.

Q. 7년 차 경력자입니다. 포트폴리오를 완성하고 포트폴리오 인덱스를 제작 중에 있습니다. 인덱스를 연도별로 오름차순으로 정리하고 있는데요. 중간에 1년 정도 비는 구간이 생깁니다. 그때는 주로 반복적인 운영 디자인 업무만 해서 포트폴리오라고 할 수 있는 디자인이 없습니다. 이런 경우 문제가 생기나요?

A. 문제가 되지 않습니다. 운영 디자인을 하다 보면 훌륭한 디자인 결과물이 생산되지 않는 해도 생길 수 있습니다. 만약 공백기의 이유에 대해 물어온다면 사실 그대로를 말하면 됩니다. 하지만 조금 더 찬찬히 찾아보기를 바랍니다. 운영 디자인이 보기에는 재미없고 정형화된 하나의 문서처럼 보이기도 하지만 사실 그러한 디자인이 충분한 가치가 있는 소중한 포트폴리오인 경우가 매우 많습니다. 시야를 더 넓히고 열린 마음으로 다시 한번 살펴보세요. 정형화되고 딱딱해 보이는 디자인이 사실은 매우 단단한 기본기를 바탕으로 해서 전 세대 모두를 아우르고 훌륭한 정보를 전달하는 뛰어난 디자인일 수 있습니다.

Q. 포트폴리오 코딩을 하고 있습니다. 지금까지는 크롬과 엣지에 최적화한 코딩을 하고 있습니다. 한 가지 궁금한 점이 있는데요 익스플로러까지 최적화를 시켜야 하나요? 인사 담당자가 봤을 때 익스플로러에서 깨지면 탈락하는 건가요?

A. 그렇지 않습니다. 일단 크롬에 최적화하는 것을 목표로 하세요. 현재 윈도우 운영체제 진영에서는 크롬이 웹 브라우저의 기준입니다. 엣지는 크롬에 비해 크게 신경 쓰지 않습니다. 또한 익스플로러는 이제 점점 웹 표준의 조건에서 제외되고 있는 실정입니다. 즉, 크로스 브라우징 이슈에서 익스플로러는 더 이상 중요한 브라우저가 아닙니다. 게다가 익스플로러에 최적화를 하면 동적 표현이든 정적 표현이든 디자인에서 제한이 많이 걸리게 됩니다. 최대한 단순하고 원시적인 코드를 사용해야 하기 때문입니다. 그러므로 일단은 크롬에 최적화하고 익스플로러는 나중에 시간이 남으면 고민해 봐도 좋을 문제라고 생각됩니다. 강하게 표현하자면 익스플로러는 이제 더 이상 신경 쓰지 않아도 됩니다.

Q. UX/UI 디자이너를 목표로 열심히 공부 중입니다. 현재 공부 순서를 '그래픽 툴 공부 – 코딩 공부 – 포트폴리오 제작'으로 정했습니다. 이렇게 하는 것이 베스트인가요?

A. 나쁘지 않습니다만 추가할 부분이 보입니다. '그래픽 툴 공부 – 코딩 공부 – 레퍼런스 모작 – 디자인 습작 – 코딩 습작 – 포트폴리오 제작' 순서로 수정하면 어떨까요? 포트폴리오가 모작과 습작 과정 없이 나오기는 어렵습니다. 또한 디자인과 코딩은 달라서 둘 다 각각 습작이 많이 필요합니다. 이러한 습작 과정을 거쳐 훌륭한 작업 결과물을 몇 개 선정하면 그것이 바로 우리가 말하는 포트폴리오가 되는 것 같습니다.

Q. 현재 포트폴리오를 마무리 중인데 막히는 부분이 있습니다. 포트폴리오 콘텐츠 구성에서 레이아웃, 디자인 콘셉트, 작업 의도 등의 텍스트가 필요하다고 생각합니다. 그런데 이런 것 몇 개만 쓰고 나면 더 이상 뭘 써야 할지 모르겠습니다. 다른 분들 포트폴리오 보면 자신의 디자인에 대해 설명을 아주 멋지게 잘 정리했더라고요. 이런 설명들이 있으면 좋을 것 같기는 한데 너무 어렵네요. 이런 기획은 어떻게 하는 건가요?

A. 자신의 포트폴리오를 더 돋보이게 하는 텍스트를 작성하는 좋은 방법이 있습니다. 일단은 본인의 포트폴리오를 면접 상황에서 프레젠테이션하는 상상을 해보세요. 자신의 작품에 대해 전체와 부분으로 혹은 작업 시간상으로 나누어 설명을 하는 상황이

상상이 될 것입니다. 그 상황에서 어떤 얘기를 하고 싶은지를 상세히 적어 보세요. 팁을 드리자면 아래와 같이 세 단계로 글을 쓰는 것을 추천합니다.

> **이슈** – 디자인을 할 때 어떤 문제에 부딪혔는지, 어떤 고민을 했는지.
> **솔루션** – 문제와 고민에 대해 어떤 아이디어와 어떤 UX/UI 디자인 이론으로 어떻게 해결했는지.
> **리절트** – 결과는 성공이었는지 실패였는지, 이 과정을 통해 나는 어떤 생각을 했는지, 그리고 이로 인하여 내가 얼마나 성장했는지.

이렇게 고민했던 부분을 상세히 정리하다 보면 하나의 디자인에서 최소 서너 개 이상의 이슈가 생길 것입니다. 걱정하지 마세요. 글을 잘 써야할 필요는 없습니다. 디자이너가 이러한 이슈를 진지한 태도와 진솔한 마음으로 풀어낸다면 아마도 인사 담당자에게 아주 잘 전달될 것입니다.

Q. 현재 상세페이지 포트폴리오를 혼자 자체적으로 기획해서 준비 중입니다. 이미지나 사진은 저작권 문제가 없는 이미지를 사용 중입니다. 이미지 문제는 해결이 됐는데 글이나 내용은 어떻게 해야 할지 모르겠습니다. 제가 직접 기획을 해야 하는 건가요?

A. 그럴 필요 없습니다. 어떤 브랜드를 정하고 그 브랜드의 상세페이지를 가상 리뉴얼하는 방법을 추천합니다. 이미지와 텍스트 콘텐츠는 당연히 그 상세페이지의 내용을 그대로 사용하면 됩니다. 이렇게 한다면 기획과 콘텐츠 활용에 대한 문제가 자연스레 해결이 됩니다. 이런 상황을 만들어 두고 디자인에만 집중하는 편이 좋습니다. 디자이너에게 기획은 쉽지 않은 파트입니다.

Q. UX 디자이너를 꿈꾸는 취업 준비생입니다. 저는 UX 디자인을 공부하고 싶은데 대부분 학원 커리큘럼은 'UX/UI 디자인' 이렇게 묶어서 수업을 하더군요. 실무에서도 원래 UX/UI 업무를 같이 진행하나요? 채용할 때도 묶어서 채용하나요? 학원 수업은 UI 디자인에 초점이 맞춰져 있는 것 같아요. UX 디자이너만 따로 채용하는 경우는 없나요?

A. 보통의 사례를 얘기하자면 업계에서 UX 디자이너만 따로 채용하는 경우는 별로 없습니다. 그리고 업계에서는 UX/UI를 따로 분리하지 않고 UX/UI 디자이너로 통칭하는 편입니다. UX/UI가 이렇게 사이좋게 맨날 붙어 다니는 이유가 있습니다. 따로 떼어놓기가 불가능하기 때문입니다. 왜냐하면 UX가 없는 UI가 있을 수 없고 UI가 없는 UX는 생각에 불과하기 때문입니다. 그러므로 UX/UI는 하나라고 생각하고 준

비하면 됩니다.

Q. 회사에 기획자가 없었습니다. 그래서 디자인 업무를 하면서 디자인에 필요한 기획 업무를 같이 담당했습니다. 기획 일이 나름 재미있어서 재미있게 하기는 했습니다. 그런데 이런 경우에는 포트폴리오 참여도에 기획 파트 담당이라고 적어도 되는 건가요? 디자이너가 기획 업무 경력을 넣어도 상관없는 건가요?

A. 당연히 넣어야 합니다. 현실을 얘기하자면 많은 중소기업과 상당수의 소기업은 기획자 없이 디자이너가 기획을 같이 전담하는 경우가 매우 많습니다. UX/UI 디자인에서 기획 파트는 대단히 중요합니다. 기획이 잘 되어 있다면 디자인의 방향성은 알아서 잘 진행이 됩니다. 또한 기획과 디자인은 완전히 따로 분리하기 쉽지 않은 특성이 있습니다. 그래서 기업은 기획력이 있는 디자이너를 아주 많이 좋아합니다. 이런 점은 서류 전형 심사에서 분명히 유리한 점으로 작동할 것입니다.

Q. 비전공자로 현재 UX/UI 디자이너가 되기 위한 공부를 계획 중에 있습니다. 일단 비전공자이기에 걱정이 많습니다. 특히 포트폴리오를 완성을 할 수 있을지에 대한 확신도 없습니다. 그래도 오랫동안 꿈꿔온 일이기에 도전하려 하는데, 공부 순서에 대해 전혀 감이 잡히지 않습니다. 일단 기본기가 아예 없어서 독학으로 선행 학습을 먼저 하고 학원 수강을 하려고 합니다. 그리고 학원 졸업 후 포트폴리오를 만들려고 계획하고 있습니다. 보통 비전공자는 공부를 어떻게 시작하나요? 이렇게 시작해도 괜찮을까요?

A. 제안하고 싶은 공부 순서는 다음과 같습니다.

---

1 - 코딩
2 - 그래픽 툴
3 - 디자인 모작
4 - 디자인 습작
5 - 습작 중 베스트 작업 선정
6 - 포트폴리오 제출용으로 레벨 업

코딩과 그래픽 툴의 공부 순서는 바뀌어도 상관없습니다. 그리고 모작과 습작은 다릅니다. 모작은 말 그대로 똑같이 만드는 겁니다. 똑같이 따라하는 과정 후에 습작을 하는 방향이 좋습니다. 습작을 많이 하면 그중에 베스트가 있을 것입니다. 그 베스트

를 포트폴리오 제출용으로 다듬고 또 다듬어서 훌륭한 포트폴리오로 레벨 업을 해야 합니다.

Q. UX/UI 디자인 경력자입니다. 회사에서 주로 모바일 UX/UI 디자인 업무를 담당했습니다. 이번에 앱 디자이너로 이직을 준비하고 있습니다. 문제는 포트폴리오가 주로 웹 기반 디자인이고 앱 디자인 포트폴리오라고 볼 수 있는 포트폴리오가 없다는 것입니다. 그래도 제가 원하는 회사로 이직이 가능할까요? 만약 부족하다면 무엇을 더 준비해야 할까요?

A. 이직 가능합니다. 모바일 디자인과 반응형 디자인은 앱 디자인과 관련성이 많습니다. 조금 투박하게 얘기하자면 웹 모바일 디자인을 백엔드 언어로 다시 개발하면 그것이 바로 앱 프로젝트가 됩니다. PC 버전 디자인도 당연히 UX/UI 디자인이니 괜찮습니다. 다만 기존 웹 프로젝트에 와이어프레임을 작성해서 포트폴리오에 추가한다면 서류 전형 합격 가능성이 최소 20프로 이상 높아질 것이라 예상합니다. 또한 어차피 앱 코딩은 백엔드 언어로 개발하기 때문에 코딩은 신경 쓰지 않아도 됩니다.

Q. 인하우스 디자이너로 오랜 기간 업무를 하다가 이직을 하려고 하니 제출할 만한 포트폴리오가 많지 않습니다. 그래서 가상 리뉴얼 프로젝트 포트폴리오를 몇 개 제작하려고 합니다. 저 같은 경우의 인하우스 디자이너들은 포트폴리오를 보통 이렇게 준비하는 것이 맞나요?

A. 맞습니다. 다만, 가상 리뉴얼 프로젝트 비율이 전체 포트폴리오 대비 50프로를 넘지 않도록 조정하는 편이 좋습니다. 기업은 경력 디자이너 채용의 경우 가상 리뉴얼 프로젝트보다 실제 실무 경력 프로젝트를 훨씬 더 중요하게 생각합니다. 상당수의 인하우스 디자이너가 본인의 운영 디자인 결과물을 비주얼과 콘셉트가 약하다는 이유로 자신의 포트폴리오를 자랑스럽게 생각하지 않는 경향이 있습니다. 필자의 의견은 다릅니다. 인하우스에서 진행되는 운영 디자인은 대단히 전문적인 분야이고 경력자가 아니면 하기 어려운 UX/UI 기술이 많이 필요한 기술 집약적인 상당한 퀄리티의 디자인입니다. 그러므로 운영 디자인 포트폴리오의 비율을 50프로 이상으로 구성하는 방향을 추천합니다.

Q. 비전공자입니다. 제가 다니는 학원은 다른 학원과 다르게 퍼블리싱을 먼저 배우고 디자인을 배우더라고요. 저는 디자인을 먼저 배우고 싶어요. 디자인을 먼저 배우는 것과 코딩을 먼저 배우는 것은 차이가 많이 나나요? 학원 수강을 취소하는 것이 맞는 건가요?

A. 취소할 필요 없습니다. 학원 커리큘럼, 수업의 방향성, 강사의 스타일 등의 차이로 디자인이 먼저인가, 코딩이 먼저인가에 대한 부분이 차이가 있습니다. 그런데 그것은 그렇게 중요하지 않습니다. 다만 학생의 개인적 성향에 따라 차이가 있습니다. 만약 지금처럼 코딩을 먼저 공부하는 커리큘럼이라면 코딩이 부담스러운 학생은 수강 초반에 힘들어 할 것이고, 코딩이 재미있는 학생이라면 수강 초반에 즐겁게 공부할수 있을 것입니다. 딱 그 정도의 차이만 있으니 크게 걱정할 필요 없습니다. 필자의 의견을 얘기하자면 코딩 공부를 먼저 하는 것을 추천하는 편입니다. 왜냐하면 모던 웹은 코딩 기술의 발달 때문에 디자인 툴로 해야 할 작업의 상당 부분을 코딩으로 해결할 수 있습니다. 그러므로 미리 공부하고 디자인 툴을 공부하기 시작한다면 매우 효율적인 공부가 될 수 있습니다.

Q. 포트폴리오에 유명한 스타벅스, 애플, 러쉬 제품 등의 이미지를 사용해도 되나요? 이미지 저작권 문제 때문에 개인 포트폴리오에 들어가는 이미지는 모두 직접 만들어서 사용해야 하나요?

A. 그렇지 않습니다. 일반적으로 취업 준비생의 개인 포트폴리오에 사용되는 이미지는 가상 리뉴얼 하고자 하는 회사의 상품을 사용하는 편입니다. 다만, 그 사이트에서는 가상 리뉴얼 하는 회사의 상품 이미지만을 사용하는 것이 좋습니다. 예를 들자면 LG 전자 사이트를 가상 리뉴얼 하면서 애플의 상품 이미지를 사용하는 것은 기업에 대한 예의가 아닙니다. 취업 준비생의 개인 포트폴리오에서 사용되는 이미지들의 저작권 이슈에 대해 대기업들은 현재까지 관대한 태도를 유지하고 있습니다.

Q. 이제야 2년 차가 된 병아리 디자이너입니다. 모든 프로젝트에서 메인 디자인은 당연히 팀장님 디자인으로 진행되었고 서브 디자인을 제가 담당했습니다. 그렇다고 해서 서브를 제가 전부 다한 것도 아닙니다. 시안을 제출했지만 팀장님에게 채택되지 못하고 컷 당한 디자인이 아주 많습니다. 그래서 제 포트폴리오를 실제 프로젝트에서 채택된 서브 디자인 위주로 구성할 예정인데요. 혹시 팀장님에게 채택되지 않은 시안을 포트폴리오로 사용해도 괜찮을까요?

A. 당연히 됩니다. 그런데 다시 한번 생각해보세요. 팀장님이 채택하지 않은 이유가 무엇인지 다시 한번 생각해보기를 바랍니다. 다시 생각해보아도 컷 당한 상황에 대해 납득이 가지 않고, 동시에 본인의 마음에 너무 들기 때문에 포트폴리오로 제출하고 싶다고 생각된다면 같이 제출해도 상관없습니다.

Q. 저는 UX/UI 디자인과 퍼블리싱을 같이 하고 싶은 취업 준비생입니다. 저 같은 경우는 자바스크립트가 필수라고 들었습니다. 그래서 자바스크립트 문법 공부를 하고 있는데요. 그 외에 추가로 더 공부해야 할 것은 무엇이 있을까요?

A. UX/UI 동적 표현을 위한 자바스크립트 라이브러리, 플러그인 등을 공부하면 됩니다. 일반적으로 자바스크립트는 코딩에서 동적 표현, 그리고 데이터베이스를 연동한 프로그래밍, 이렇게 두 가지 목적으로 사용됩니다. 디자이너와 겸업하기 위한 목적이라면 둘 중 동적 표현에 목표를 두면 됩니다. 이런 목표를 가지게 된다면 일반적으로 순수 자바스크립트, 즉 바닐라 자바스크립트와 제이쿼리 플러그인 등이 주로 사용됩니다. 그러므로 이 두 가지에 대한 유용하고 자주 사용되는 동적 표현 예제를 많이 찾아서 그것을 내 것으로 만들면 많은 도움이 될 것입니다.

Q. 좋은 디자인 레퍼런스를 참고하여 콘텐츠 이미지, 영상, 텍스트 등을 화면에 배치하고 편집하고 설계하는 방식으로 UX/UI 디자인 포트폴리오를 만들고 있습니다. 그런데 이렇게 어떤 디자인 콘셉트나 창의적인 표현 없이 이렇게 콘텐츠를 레이아웃에 배치하는 것이 디자인이 맞는가 하는 생각이 듭니다. UX/UI 디자인도 디자인인데 "내 생각이나 크리에이티브 없이 완성하는 것을 내 디자인이라고 자신 있게 말할 수 있는가?" 하는 고민을 하게 됩니다. 제가 지금 제대로 하고 있는 것 맞나요?

A. 맞습니다. 편하게 말하자면 UX/UI 디자인은 심미적, 전통적인 디자인 영역이 아닙니다. UX/UI 디자인은 유저에게 편리한 환경과 사용법을 제공하는 인터페이스 디자인입니다. UX/UI 디자인은 예체능, 문과 쪽이 아니고 이과 계열에 가깝습니다. 그러므로 UX/UI 디자인에서 필요한 크리에이티비티는 우리가 알고 있는 심미적, 전통적 디자인 영역이 아닙니다. 유저가 편리하게 사용하고 유저가 훌륭한 서비스를 받는 방법을 논리적, 과학적 태도로 연구할 때 필요한 창의적인 생각이 바로 UX/UI에 필요한 크리에이티비티입니다. 그래서 유저를 배려하는 혁신적이고 새로운 아이디어가 가장 중요합니다. 즉, 논리 그 다음에 독창성입니다. 그러므로 심미적, 독창적 디자인보다는 유저를 위한 설계와 배려에 초점을 더 맞춘 논리적, 과학적 태도의 디자인을 연구한다면 훌륭한 결과가 뒤따를 것이라 생각합니다.

Q. 포트폴리오용 웹 사이트를 코딩 중입니다. FHD 사이즈로 제작 중입니다. 그런데 레퍼런스를 많이 살펴보니까 화면을 꽉 채우는 레이아웃도 있고 고정된 넓이 사이즈도 있더군요. 혹시 평균적으로 사용하는 사이즈가 있을까요?

A. FHD(1920×1080)에서는 1200px 넓이를 가장 많이 사용합니다. 보통 한 화면에서 100%로 꽉 채운 넓이와 1200px 넓이를 혼합해서 많이 사용합니다.

Q. 포트폴리오로 사용할 상세페이지 제작 중입니다. 어떤 사이트를 만들까 하다가 이왕이면 제가 지원하고자 하는 회사 제품 상세페이지를 가상 리뉴얼 하려고 합니다. 이렇게 해도 괜찮은 건가요?

A. 대단히 훌륭한 선택입니다. 인사 담당자 입장에서는 지원자의 포트폴리오를 심사할 때 자기 회사의 사이트를 제작한 포트폴리오에 가장 많은 점수를 줄 수밖에 없습니다. 실력도 실력이지만 무엇보다 큰 장점은 회사에 대한 충성도를 증명할 기회이기 때문입니다. 반드시 그렇게 하길 바랍니다. 물론 실력도 뒷받침된다면 분명히 좋은 결과가 있을 것입니다.

Q. 요즘 UX/UI 디자인 공부를 하는 중인데요. 툴이 여러가지가 있더라고요. 일러스트레이터, 포토샵, 스케치, 어도비XD, 피그마 등… 학원이나 온라인 강의도 다양한 툴로 수업을 진행하더라고요. 그렇다면 회사에서 UX/UI 디자이너는 주로 어떤 툴로 디자인을 하는지 궁금합니다.

A. 취업할 회사에서 쓰는 툴을 사용하면 됩니다. 문제는 취업할 회사에서 어떤 툴을 사용할지 본인은 모른다는 것입니다. 그러므로 면접 때 미리 확인해 두고 첫 출근 전까지 거기에 맞춰서 준비하면 됩니다. 그러려면 미리 깊게는 아니어도 조금씩은 공부해두는 편이 좋을 것입니다. 툴 사용법은 그렇게 어렵지 않습니다. 그럼에도 불구하고 제일 중요한 툴 한가지를 추천해 달라면 피그마를 추천하고 싶습니다. 사실 어떤 툴이 가장 많이 쓰인다는 정확한 통계는 많지 않습니다. 일단, 일러스트레이터는 UX/UI 툴로 잘 사용하지 않습니다. 피그마는 온라인 플랫폼에서 팀 단위로 코워킹이 가능하다는 것이 가장 큰 장점입니다. 스케치는 맥용 프로그램이라는 단점이 있지만, UX/UI 디자인에 최적화된 툴입니다. 어도비XD는 포토샵이 가진 무겁고 비트맵 이미지 기반이라는 단점을 극복한 벡터 기반의 UX/UI 전용 툴입니다. 게다가 맥과 윈도우 운영체제 둘 다 사용 가능하다는 장점도 있습니다. 이처럼 툴별로 하드웨어와 운영시스템 이슈도 업무 방향성에 따라 달라지기 때문에 어떤 툴을 특정하기

는 어렵습니다. 특히 포토샵의 경우는 어떤 툴을 사용하든 이미지 보정 등 포토샵 본연의 기능은 다른 툴에서 대체하기 어려운 부분도 존재합니다. 결론을 얘기하자면 포토샵을 기본으로 공부를 해 두고 다른 툴도 조금씩 공부를 해 둔다면 좋은 결과가 있을 것이라 생각합니다.

Q. 현재 웹 디자인을 공부 중입니다. 공부가 끝나면 포트폴리오를 만들 예정인데요. 포트폴리오 주제는 어떤 것을 하면 좋을까요? 어떤 사이트를 제가 상상해서 기획해서 만드는 것인가요? 특별히 어떤 사이트가 좋다는 것들이 있나요?

A. 기존의 큰 회사 웹 사이트를 위주로 가상 리뉴얼 하는 방법을 추천합니다. 일단, 어떤 사이트를 스스로 기획하는 것은 디자이너에게 너무 어렵고 그래서 위험합니다. 왜냐하면 기획이 잘 되지 않으면 디자인도 완성도가 떨어지게 됩니다. 중견기업, 대기업 이상의 사이트를 가상 리뉴얼 디자인하되 기획은 기존 사이트의 것들을 그대로 사용하면 됩니다.

Q. 비전공자여서 학원을 다니려고 합니다. 그런데 걱정이 되는 점이 있습니다. 이 분야에 대한 사전 지식이 전혀 없어서 개강했을 때 제가 잘 따라갈 수 있을지 걱정이 많이 됩니다. 일단, 학원 등록을 조금 뒤로 미루고 미리 독학으로 선행학습을 어느 정도 하고 학원에 등록하는 방법은 어떨까요?

A. 별로 좋은 방법이 아닙니다. 학원을 다니기로 했다면 학원의 커리큘럼에 맞추어서 열심히 따라가면 됩니다. 독학이 잘 된다는 보장도 없습니다. 또한 선행학습 내용이 학원 수업에 실제 도움이 될지 경험자가 아닌 이상 알 수가 없습니다. 너무 긴장하지 마세요. 좋은 선생님을 만나게 되면 모두 다 잘 해결될 것입니다.

Q. 코딩을 잘하지 못합니다. 반응형 코딩도 아직 못하고요. 그래도 포트폴리오에 코딩을 추가하는 편이 좋을까요?

A. 추가하는 편이 좋습니다. 코딩을 할 수 있는 디자이너와 그렇지 않은 디자이너는 업무 능력이 상당히 다릅니다. 인사 담당자는 당연히 코딩이 가능한 디자이너를 선호합니다. 조금 부족해도, 동적 표현이 없더라도 전체적인 페이지 완성까지 가능한 코딩 실력이라면 코딩까지 포함하는 것을 추천합니다.

Q. 현재 경력자인데요 이직을 위한 포트폴리오를 만들어야 합니다. 경력자와 신입의 포트폴리오는 어떤 부분이 달라져야 하나요?

A. 방향이 많이 달라야 합니다. 신입은 실제 프로젝트에 투입되는 경우가 없으니 기존의 사이트를 가상 리뉴얼 하는 방법을 많이 사용합니다. 하지만 경력자는 실무에서 작업했던 프로젝트를 중심으로 제작해야 합니다. 물론 프로젝트 퀄리티가 많이 부족한 경우라면 당연히 가상 리뉴얼 프로젝트도 따로 준비해야 합니다.

Q. UX를 공부 중인데요. UX 리서치 기법을 보니 '사용자 인터뷰', '사용자 테스트'가 있더라고요. 이런 것도 포트폴리오에 포함시켜야 하나요?

A. 가능하다면 포함하면 좋습니다. 그런데 이것은 전문적인 영역이고 혼자서는 하기 어려운 부분이 있습니다. 일단 인터뷰이가 다수 있어야 하고 그들과 소통을 해야 합니다. 그러므로 이 부분은 학교나 학원 등에서 뜻을 같이 할 수 있는 동료들과 서로 도움을 줄 수 있는 상황에서 진행하는 편이 좋습니다.

Q. 앱 UX/UI 디자인 포트폴리오를 제작 중입니다. 다른 사람들의 한 것 보니까 앱이라고 해서 모든 페이지를 전부 디자인하지는 않고, 중요한 화면만 몇 개 정해서 디자인하더라고요. 앱 전체 화면을 전부 디자인하는 것이 아니고 이렇게 일부만 하는 게 맞나요?

A. 네. 일부만 해도 됩니다. 중요 화면 위주로 최소 다섯 개 이상을 제작한다면 포트폴리오로 사용할 수 있습니다. 다만, UI 흐름에 따른 유저의 행동 순서 등을 상세하게 디자인하면 더 좋습니다. 예를 들면 로그인 전 화면 – 로그인 후 화면 – 상품 찜 하기 – 장바구니 담기 – 구매하기 등의 UI 플로우를 화면별로 보여줄 수 있다면 훌륭한 포트폴리오가 될 것입니다.

Q. 지금 포트폴리오를 제작 중인데요. 제가 UX/UI 보다는 비주얼 콘셉트 위주의 작업을 주로 했어요. 그래서 기획 의도나 설명할 만한 글을 쓰기가 너무 어렵네요. 작업 기간, 참여도, 콘셉트 등은 준비가 됐는데 무엇을 더 넣어야 할까요?

A. 많이 안 넣어도 됩니다. 비주얼 콘셉트 위주의 포트폴리오는 꼭 필요한 내용만 기술해도 괜찮습니다. 만약 UX/UI 위주의 디자인이라면 기획 의도, 분석, 기술적 내용 등 부가적인 설명을 어느 정도 기술해주는 편이 좋습니다. 즉, 비주얼 콘셉트 위주라면 설명을 조금만 넣어도 되고 UX/UI 위주의 작업이라면 설명을 많이 해주는 편이

좋습니다.

Q. UX/UI 포트폴리오에 와이어프레임을 넣을지 말지 고민됩니다. 다른 사람들 포트폴리오를 보니까 와이어프레임을 넣는 경우도 있고 안 넣는 경우도 있더라고요. UX/UI 디자인에는 와이어프레임을 꼭 추가해야 되는 건가요?

A. 필수는 아닙니다. 하지만 추가한다면 훨씬 더 좋습니다. 예를 들어 비주얼 콘셉트 위주의 FHD 해상도 기준의 웹사이트라면 와이어프레임이 굳이 필요하지는 않습니다. 반응형 웹도 마찬가지입니다. 하지만, UX/UI 위주의 작업이라면 와이어프레임이 포트폴리오 심사에서 매우 긍정적인 효과를 줄 수 있습니다. 만약, 웹 프로젝트가 아니고 앱 프로젝트라면 와이어프레임은 간단하게라도 꼭 제작해서 추가할 것을 추천합니다.

Q. UX/UI 디자인을 하려면 피그마, 어도비XD, 스케치 같은 그래픽 툴은 필수인가요?

A. 필수는 아닙니다. 포토샵도 가능합니다. 하지만, 포토샵이 할 수 없는 많은 일들을 다른 툴은 가능하게 합니다. 또한 작업 효율, 코워킹, 작업 환경처럼 다양한 면에서 각각의 장점과 단점들이 존재합니다. 그러므로 어느 것 한 가지만 집중해서 파지 말고 다양한 툴들을 공부할 필요가 있습니다.

Q. 웹 포트폴리오 PDF 작업을 하려고 하는데요. 일러스트레이터로 작업해도 되나요?

굳이 그럴 필요는 없습니다. 일러스트레이터는 드로잉 기능에 최적화되어 있어서 UX/UI 포트폴리오를 편집하는 툴로 추천하기는 어렵습니다. 실제로 웹 포트폴리오를 일러스트레이터로 제작하는 상황은 흔치 않습니다.

Q. 좋은 UX/UI 디자인을 위해서는 코딩을 반드시 알아야 하나요?

A. 코딩을 프론트엔드 개발자 수준으로 하지는 못하더라도 기본적인 이해는 필요하다고 생각합니다. UX/UI 디자인에서 중요한 부분은 유저가 원하는 반응과 결과를 유저에게 반환해주는 것입니다. 이러한 기능들은 정지된 화면으로 구현하는 것이 아니고 동적으로 기능하여야 하는 것입니다. 그러므로 정지된 화면으로 자신의 UX/UI 디자인 능력을 제한하지 않으려면 코딩에 대한 이해가 필요합니다.

Q. 현재 포트폴리오를 준비 중인 취업 준비생입니다. 제 포트폴리오를 보면 정말 답이 안 나오고 한숨만 나옵니다. 이런 포트폴리오로 취업이 가능할지 걱정과 스트레스가 늘어갑니다. 선배들 얘기 들어 보면 일단 좋은 레퍼런스를 많이 보면서 보는 눈을 기르라고 하더라고요. 그래서 많이 보고 있기는 합니다. 이렇게 계속 많이 보고, 보는 눈을 기르고, 계속 연습하는 것만이 답이겠지요?

A. 네. 선배들 말이 맞습니다. 다만 하나가 더 추가되면 좋겠습니다. 많이 보고 많이 모작해야 합니다. 보는 것만으로는 절대로 부족합니다. 훌륭한 레퍼런스를 그대로 모작하면 자신의 디자인도 당연히 훌륭해질 것입니다. 그렇게 계속 연습하는 것만이 답입니다.

Q. 2년 차 경력자입니다. 경력자이지만 여러 가지 골치 아픈 문제가 있어서 포트폴리오로 사용할 만한 디자인이 없습니다. 그래서 처음부터 다시 제작하려고 준비 중입니다. 가상의 브랜드를 만들어서 UX/UI 디자인을 하려고 합니다. 일단 그냥 작은 웹 사이트 하나 정도 생각하고 있습니다. 그런데 궁금한 부분이 있는데요. 저 같은 경우는 기획을 제가 혼자 다 해서 만들어야 할까요?

A. 그러지 않기를 바랍니다. 웹 기획은 전문 분야인데 그것을 지금 준비해서 뭔가 만든다는 것은 많이 어려울 것 같습니다. 가상의 브랜드보다는 유명한 웹 사이트를 가상 리뉴얼 하는 방법을 추천합니다. 그렇게 되면 따로 기획이 필요 없을 것입니다. 디자인도 어려운데 기획까지 하면 시간도 많이 걸리고 스트레스를 아주 많이 받게 됩니다. 기획은 그대로 두고 디자인에만 집중하길 바랍니다.

Q. 현재 코딩을 공부 중인데 학원에서 백엔드 커리큘럼도 수업을 하고 있습니다. 학원에서는 배워 두면 좋다고 하는데 정말 그런가요? 디자인, 코딩, 백엔드까지 공부하는 건 많이 힘드네요.

A. 신입이라면 백엔드는 현재 공부할 필요가 없습니다. 물론 배워서 나쁠 것은 없습니다. 하지만 현재 공부해야 할 것이 많다면 우선 순위를 두어야 할 것입니다. 백엔드는 후순위입니다.

Q. 포트폴리오를 제작 중인데 한 가지 걱정이 생겼습니다. 학원에서 만들어 준 것 같은 포트폴리오는 인사 담당자들이 싫어서 탈락 가능성이 높다는 얘기를 들었습니다. 학원에서 만들어 준 포트폴리오는 일정한 패턴이 보이고 그런 포트폴리오는 디자이너의 작품이 아니고 학원 강사의 작

품이기 때문에 탈락시킨다고 하더라고요. 제 포트폴리오는 강사가 아니라 직접 다 만들었습니다. 그런데 제가 보기에는 제 포트폴리오도 어떤 정형적인 디자인이라고 생각됩니다. 최신 트렌드가 반영되지도 않은 것 같아요. 어떻게 해야 할까요? 이대로라면 포트폴리오 심사에서 탈락하는 건가요?

A. 그렇지 않습니다. 정형적인 디자인이라 하더라도 기본기에 충실하다면 합격 가능성은 충분합니다. 패턴으로 보이는 경우는 어떤 것을 카피하고 그것을 디테일하게 발전시키지 않은 경우를 뜻합니다. 일반적으로 패턴의 특성은 단순함에 있습니다. 패턴은 복잡하지 않고 디테일도 없습니다. 작품에 디테일과 집요함이 보인다면 그것은 패턴으로 보이지 않습니다. 그리고 학원 강사가 만들어준 것 같다는 의심에 대항할 수 있는 방법이 있습니다. 그것은 자신의 디자인에 대한 모든 요소들에 대해 내가 이렇게 디자인한 이유를 설명할 수 있도록 준비하는 것입니다. 설명하는 방법은 두 가지가 있습니다. 하나는 포트폴리오에 디자인에 대한 자신의 고민을 포트폴리오에 덧붙여 자세하게 서술하는 것이고 둘째는 면접 프레젠테이션 상황에서 면접관이 하는 질문에 멋지고 자신 있게 답변하는 것입니다. 그런데 어찌 보면 학원 강사가 만들어준 것이라는 의심은 자신의 디자인 퀄리티가 좋다는 이야기이니 우쭐하고 기분 좋은 일이라고도 볼 수도 있겠습니다. 그러니 증명만 잘 하면 됩니다.

Q. 포트폴리오를 웹 사이트로 제작해서 올리려고 합니다. 이런 경우 유료 웹 호스팅 서비스를 받고 도메인도 구입해야 한다고 하더라고요. 원래 그렇게 하는 건가요?

A. 취업 포트폴리오를 웹 사이트로 만들어 지원하고자 한다면 필요하다고 생각합니다. 돈을 지출하는 것이 싫다면 무료 도메인과 호스팅도 있으니 그것을 사용하면 됩니다. 그런데 문제가 이러한 무료 서비스는 1일 제공 트래픽이 100메가 정도로 매우 적습니다. 트래픽은 하루에 불특정 다수가 자신의 웹 사이트에 방문해서 소비하는 이미지, 동영상, 코드 문서 들의 파일 크기를 뜻합니다. 정해진 하루 트래픽 용량을 모두 소비하게 되면 웹 사이트는 즉시 셧다운되고 당일 자정에 리셋되어 다시 사용 가능합니다. 그런데 일반적으로 웹 사이트 하나를 제작하는 데 필요한 파일을 보통 50메가 정도로 계산한다면 하루에 단 2명만 접속해도 그 즉시 바로 셧다운 됩니다. 그 후부터는 아무도 내 포트폴리오 웹 사이트에 접근을 할 수 없게 됩니다. 만약 동시에 많은 회사에 지원할 예정이고 자신의 웹 사이트로 많은 사람의 방문이 예상된다면 넉넉한 트래픽을 보장하는 유료 서비스를 받는 것이 당연합니다.

Q. 경력자 포트폴리오를 만들고 있습니다. 실무에서 제작한 프로젝트 위주로 포트폴리오를 구성하려고 합니다. 포트폴리오 외에 어떤 문서가 필요할까요? 선배들 얘기로는 경력자는 경력기술서가 많이 중요하다고 하더라고요. 경력기술서는 이력서, 자기소개서와는 다르게 따로 준비해야 하는 건가요?

A. 네. 경력자는 경력기술서가 포트폴리오보다 더 중요합니다. 경력자의 포트폴리오는 실무 프로젝트와 함께 경력기술서와 프로젝트의 성과에 대한 내용, 또는 문서를 준비하는 것을 추천합니다. 경력 기술서에는 제작 연도, 클라이언트, 재직 회사, 도메인, URL, 제작 기간, 참여 분야, 참여도 등이 자세하게 기재되어야 합니다. 프로젝트 성과는 각 프로젝트에 대한 이슈, 솔루션, 결과 등을 알아보기 쉽고 명확하게 기술해야 합니다. 이렇게 포트폴리오에 추가로 프로젝트에 대한 자세한 설명과 성과 등이 표시된다면 경력자의 프로다운 모습이 강조되어 인사 담당자에게 더 좋은 평가를 받을 것입니다.

Q. 현재 코딩을 공부하고 있습니다. 일단 HTML과 CSS는 할 수 있습니다. 이 두 가지만 가지고도 UX/UI 포트폴리오를 만들 수 있나요? 다른 분들은 보통 어떻게 준비하는 건가요?

A. 동적 표현을 제외하고 정적인 설계만을 목표로 한다면 가능합니다. 유저의 어떤 행동에 대한 반응이나 슬라이드 같은 동적 표현은 일반적으로 자바스크립트, 라이브러리, 플러그인 등으로 코딩합니다. UI 디자인은 아무래도 동적인 표현이 매우 중요한 부분이므로 이 부분을 잘 해낼 수 있다면 취업 경쟁에서 확실한 경쟁 우위를 점할 수 있으니 가능하다면 꼭 공부하는 것을 추천합니다.

Q. 면접을 봤습니다. 그런데 팀장님이 "이왕이면 코딩을 좀 할 줄 알면 좋겠어요"라고 얘기하더라고요. 여기서 팀장님이 얘기하는 "코딩을 좀 한다"라는 수준이 어느 정도 수준을 말하는 건가요?

A. 혼자서 메인 페이지 하나 정도는 코딩할 수 있는 정도를 뜻합니다. 팀장님은 원래 욕심이 많습니다. 코딩을 잘 못해도 디자인이 훌륭하면 채용할 것입니다. 회사에서 디자인만 해도 시간이 모자라다는 것은 팀장님도 잘 알고 있지만 그럼에도 불구하고 코딩도 잘 하는 훌륭한 디자이너와 일하고 싶은 팀장님의 욕심입니다. 그러므로 자바스크립트를 활용하는 동적 표현을 제외하고 HTML, CSS를 활용한 간단한 페이지 레이아웃 구성 정도만 해도 큰 문제는 없을 것입니다.

INDEX

ㄱ

가독성	130
공모전	206
과슈	140
광고 분야	123, 182
광고 일러스트	153
구도	24
구상	127
구성	88, 131
구축팀	42
그래프	23
그루핑	23
그림책	161
기법	91, 134
기본기	23, 86

ㄴ

능력	50

ㄷ

대기업	40
디스플레이 광고	159

ㄹ

레이아웃	132

ㅁ

맞춤형 포트폴리오	31
멤버십 UI 디자인	81
명도	24
명쾌성	152
명함	171
모바일 디자인	73
목적성	27
미듐	139
밀도	25

ㅂ

브랜딩 디자인	54
비전공자	93

ㅅ

색연필	136
섬네일 스케치	164
성향 파악	224
세계관	27
소기업	41
수채 물감	137
스캔	165
스타트업	43, 197
스토리텔링	163
스튜디오	200
시선의 흐름	29

ㅅ

신문 광고	156
신문 디자인	151

ㅇ

아크릴 물감	138
앱 디자인	77
에디토리얼	124
에이전시	198
여백의 미	152
연필	134
엽서	174
옥외 광고	159
욕심	50
원화	165
웹 에이전시	42
이력서	261
이커머스 디자인	66
인포그래픽	151
인하우스 디자이너	193
잉크	142

ㅈ

자기소개서	261
작품 선정	131
잡지 광고	158
잡지 디자인	149
잡지사	180
제출 양식	260
젯소	139

조형성 152
좋은 레이아웃 133
주목성 152
중견기업 40
중소기업 41

ㅊ

창조성 152
채도 24
첫 페이지 246
출판 120

ㅋ

카탈로그 175
카테고리 202
캘리그래피 148
콜라주 141
클라이언트 184

ㅌ

타이포그래피 25, 148

ㅍ

파스텔 144
판형 167
판화 143

펜 142
편집 디자인 168
포스터 177
포스팅 UI 디자인 83
표지 147
프로세스 246

ㅎ

한글입숨 112
호소력 152
회사의 분류 40

A

Awwwards 105

B

Behance 103
bXSlider 107

C

Code pen 111
Cool Symbol 113
Coverr 111

D

DB CUT 104

Dribbble 106

F

Font awesome 114

G

Good Web Design 104
Google Fonts 106

H

Html Color Codes 112
HtmlDrive 108

J

jQuery UI 108

L

Lipsum 114

M

Mobbin 105

O

Open tutorials 110

P

Pinterest **102**

S

slick **107**

T

TCP school **110**

U

Unsplash **112**

W

W3 schools **115**